KB186830

언택트 시대

일상을
버티게 해주는
고독의 힘

KODOKU WO IKINUKU TETSUGAKU

© HITOSHI OGAWA 2020

Originally published in Japan in 2020 by KAWADE SHOBO SHINSHA Ltd. Publishers,Tokyo,

Korean translation rights arranged with KAWADE SHOBO SHINSHA Ltd. Publishers,Tokyo,

through TOHAN CORPORATION, TOKYO, and EntersKorea Co., Ltd. SEOUL.

언택트 시대

일상을
버티게 해주는
고독의 힘

오가와 히토시 | 권혜미 옮긴

고독은 어떻게
삶의 힘이 되는가

책/이/있/는/풍/경

정신이 풍부한 사람은 욕심과 고통을 버리고 평온하고 여유로운 생활을 한다. 그러고 나서 조용하고 소박한 생활을 한다. 그리고 가능한 한 남에게 비난받지 않는 생활을 한다. 따라서 정신이 풍부한 사람은 누군가와 어느 정도 알게 된 후에는 속세를 떠난다. 위대한 정신을 가진 자는 고독을 선택할 수 있는 것이다.

— 쇼펜하우어

시작하며

　앞의 문구는 근대 독일의 철학자 쇼펜하우어의 저서인 《고독과 인생》에 나온 한 구절이다. 그는 고고(孤高)한 철학자로서, 권력에 복종하지 않고 평생 독신으로 지내며 홀로 사색을 즐긴 인물이다.

　앞의 문구를 읽고 여러분은 어떤 인상을 받았는가?

　외롭다? 불쌍하다?

　나는 절대 그렇게 생각하지 않는다.

　객관적으로 보면 쇼펜하우어는 확실히 고독한 철학자다. 그러나 굳이 고독한 삶을 선택한 그의 내면에서는 왜인지 강력한 힘을 느낄 수 있다.

최근에는 '고독'을 주제로 한 책이 늘어나고 있다. 거꾸로 말하면 그만큼 고독한 사람이 늘어났다는 증거라 할 수 있다.

NHK E텔레의 〈세계의 철학자들에게 인생상담〉이라는 프로를 진행하고 있는 나는 고민 상담을 자주 받는다. 《주간 이코노미스트》에 연재하고 있는 〈오가와 히토시의 철학으로 문제해결〉에도 인생 상담이 끊이지 않는다. 나는 이러한 매체를 통해 '은둔형 외톨이'였던 내 과거를 숨김없이 드러냈는데, 그 이유는 같은 문제로 고민하는 독자들이 늘고 있기 때문이다.

여하튼 최근 상담의 공통적인 특징은 '고독에 관한 고민이 늘어나고 있다'는 점이다.

먼저 몇 가지 사례를 소개하겠다.

첫 번째 사례는 내가 교수로 재직 중인 야마구치 대학의 한 남학생의 이야기다. 그 학생과 나는 수업을 계기로 알게 되었고, 캠퍼스에서 얼굴을 마주칠 때마다 이야기를 나누었다.

그는 지방에서 온 지 1년이 지났는데 아직 친구가 없다고 털어놓았다. 이야기를 들어 보니 딱히 왕따를 당하고 있는 것 같지도 않았다. 그는 친구들과 함께 있어도 자신만 겉도는 느낌이 든다고 했다. 그래서 나는 사람들과 친해지는 노하우와 대화 방법을 그에게 알려 주었다. 하지만 그는 애초에 친구들과 어울릴 마음도 없다고 말했다.

나는 학생식당에서 우연히 그 학생을 본 적이 있다. 그는 구석에 앉아 혼자 점심을 먹고 있었다. 그는 고독한 것일지도 모르지만, 딱히 친구들과 어울리고 싶지 않다면 어쩔 수 없다.

"혼자 있는 것을 즐겨 보면 어때?"

내가 이렇게 말하자 그는 혼자 있는 건 두렵다고 대답했다. 모두 친구들과 함께 있는데 자신만 혼자 있는 건 왠지 쓸쓸해 보인다고. 그래서 친구가 없으면 불안하다고.

만약 그렇다면 혼자 있는 것이 문제가 아니라 혼자 있는 것을 두려워하는 그 마음이 문제 아닐까?

우리는 항상 고독한 상황이 문제라고 생각한다. 그러나 진짜 문제는 고독을 두려워하는 자기 자신이다.

다음은 20대 초반의 신입사원 이야기다. 그녀는 상경한 지 몇 년이 지났지만 주변에 친한 친구가 한 명도 없다. 주말에는 집에 틀어박혀 인터넷만 한다고 했다. 그녀는 이대로 평생 고독하게 지낼까 봐 불안하다며 나에게 고민을 털어놨다.

이러한 상황은 누구나 경험해 보았을 것이다. 진학 때문에 혹은 취직 때문에 지방에서 막 상경하면 아는 사람 하나 없고 가족과 친구와 멀어졌기 때문에 자신의 상황이 유난히 초라하게 느껴질 것이다.

나에게도 그런 경험이 있다. 이른바 향수병에 걸린 것이다. 그러나 점차 익숙해진다. 나는 친구가 생겨 그것을 극복할 수 있었다. 그러나 혼자라면, 혼자만의 시간에 익숙해지는 것도 하나의 방법이다.

역발상이지만, 혼자 생활하니까 인터넷도 마음대로 할 수 있는 것이다. 그런 혼자 있는 인생을 즐겨 보면 어떨까? 고독은 정말 괴롭기만 한 것일까?

젊은 사람만 고독을 두려워하는 것은 아니다. 최근 문제가 되고 있는 중장년의 고독 사례를 소개하겠다.

40대 중반의 무직 남성이 있다. 그는 외동아들로 노년의 부모와 함께 생활하고 있다. 매일 텃밭을 가꾸거나 만화를 보면서 시간을 보내지만, 그는 그런 생활을 딱히 싫어하지 않는다. 객관적으로 보아 그는 고독한 상황이 아니다. 그러나 세상은 그와 같은 사례를 고독 문제로 다룬다.

시민들과 철학적인 대화를 나누는 〈철학 카페〉에서 고독에 대해 이야기할 때도 이와 비슷한 사례가 많이 나온다. 참가자들 중에는, "이런 적극적인 은둔형 외톨이를 주변에서 마음대로 고독이라고 단정 짓는 것은 문제가 있지 않나요?"라고 말하는 이들도 있었다.

사회로 나가고 싶은데도 나가지 못하는 은둔형 외톨이는 확실히 문제다. 하지만 자신이 나가고 싶지 않아 그렇게 생활하는 것이라면 문제가 되지 않는다.

'은둔형 외톨이=고독'이라는 풍조가 있어서일까? 조금 더 신중하게 상황을 분석할 필요가 있다.

노년의 사례도 있다. 이분은 나의 지인으로, 부부가 모두 상당히 고령이다.

"우리에게는 자식이 없어요. 그래서 둘 중 누가 먼저 죽으면 너무 고독해질 것 같아요. 고독해질까 봐 너무 불안해요."

이렇게 말하는 노부부는 고독사를 두려워하고 있었다.

그러나 사람은 어차피 혼자 죽는다. 나는 노부부에게 고독사가 왜 싫은지 물어본 적이 있다. 그러자 그들은 조금 난감한 표정을 짓더니, "그야 당연히 싫지."라고 대답했다. 분명 세상이 고독사를 문제시하고 있어서 싫은 것뿐이다.

100세 시대인 지금은 대가족이 다 같이 모여 함께 살지 않는한 혼자 죽는 것이 당연한 일이 되었다. 따라서 고독사도 더는 두려운 존재가 아니다.

혼자 있는 것이 고독은 아니다.

누군가와 함께 있어도, 누군가와 대화를 해도, 내 마음이 고독을 느낀다면 그것은 고독한 상황 아닐까? 이렇듯 고독은 마음의 문제다. 따라서 내가 늘 생각하는 것이지만, 사실 고독은 괴로운 존재도 두려운 존재도 아니다.

우선 고독은 누구나 느끼는 감정이다. 결코 특별한 상황이 아니다. 그리고 어디까지나 본인 마음의 문제이기 때문에 그것으로 남에게 폐를 끼쳐서도 안 된다. 따라서 해결하고자 하는 마음만 있으면 문제는 해결된다.

확실히 말해 두겠지만, 나는 고독이 나쁘다고 절대 생각하지 않는다. 고독을 길들여 올바른 길로 이끌면 된다. 나는 이것을 '긍정적인 고독'이라고 표현한다.

내가 이렇게 말하는 이유는 부정적인 고독을 경험해 봤기 때문이다. 내가 직접 고독을 경험하면서 고독의 나쁜 측면뿐만 아니라 좋은 측면도 실감했기 때문이다.

나는 '철학' 덕분에 고독의 괴로움에서 벗어날 수 있었다. 철학을 만나자 고독은 괴로움이 아닌 즐거움으로 바뀌었다.

두 번 다시 고독의 괴로움에 빠지지 않도록, 혼자만의 시간을 즐기려고 노력하고 있다. 혼자만의 시간을 즐길 수 있게 되면, 고독은 우리에게 우아한 시간과 마음의 여유를 선사해 준다.

누구나 혼자 있는 것을 싫어한다. 그리고 혼자 무언가를 즐기려고 해도 마음처럼 쉽게 되지는 않을 것이다.

이 책에서는 혼자 있는 시간, 즉 긍정적인 고독을 즐기는 방법을 설명한다. 이들은 모두 철학자들이 말한 고독을 즐기는 방법들이다.

이 책을 통해 많은 이들이 부정적인 고독을 긍정적인 고독으로 바꾸고, 혼자만의 시간을 적극적으로 활용해 의미 있게 보냈으면 좋겠다. 또한 고독에 대해 편견을 가지고 있는 사람, 그리고 늘 누군가와 함께했던 사람은 혼자 있는 귀중한 시간을 느껴 보길 바란다. 나와 오랜 시간 마주하다 보면 나의 성장을 실감할 수 있게 된다.

고독의 부정적인 측면만 강조하는 '소통 강박 사회'에서 고독을 두려워하는 모든 이들에게 용기와 희망을 주고 싶다. 그것이 이 책을 쓴 목적이다.

모순적인 말이지만, 우리 함께 고독을 즐겨 보자!

오가와 히토시

차례

누구나 고독 속에 산다

1

고독에 몸부림치는 시대

현대인이 고독을 느끼는 이유

먼저 고독의 실태를 살펴보자. 현대사회는 어떤 고독이 문제가 되고 있을까?

'저출산·고령화', '결혼관과 가족관의 변화', '과학기술의 진보', '100세 시대'라는 사회적 배경 아래 지금은 정말로 고독한 시대가 되어 버렸다. 즉 우리가 원하는 것과 새로 만들어 낸 것들이 우리의 의도와는 상관없이 집단에서 개인으로, 더욱이 고독한 개인으로 인간의 존재 방식을 바꿔 놓았다.

현대는 '핵가족'과 '개인주의'의 시대다. 물론 사람들은 이 말에 일종의 위기의식을 느끼지만, 그 흐름을 막을 수는 없다.

그 결과 마침내 고독한 개인이 대량생산되었다. 혼자 살다 고독사를 맞이하는 인생이 된 것이다.

저출산·고령화

저출산·고령화는 이미 우리 생활에 깊이 침투된 문제이지만, 이에 대해 아이를 많이 낳으면 해결될 거라는 의견은 확실히 줄어들었다. 왜냐하면 사회가 성숙해 가면서 인구수는 그리 중요하지 않게 되었기 때문이다. 생산성만 따져 봐도, 현대는 적은 인력으로 많은 과학기술을 활용하는 시대가 되었다. 따라서 많은 인력으로 노동력을 확보하자는 발상은 이미 사라진 지 오래다.

저출산은 곧 자녀가 없는 가정이나 외동 가정이 늘어났다는 것을 의미한다. 그 결과 앞으로는 3대가 함께 모인 다복한 가정이 아니라, 어른도 아이도 혼자 많은 시간을 보내는 가정이 늘어나게 될 것이다.

또한 고령화가 진행되었다는 것은 독거 고령자가 늘어났다는 것을 의미하기도 한다. 부부가 한날한시에 죽는 것은 매우 드문 일이다. 게다가 결혼하지 않는 사람도 늘고 있기 때문에, 긴 인생을 홀로 지내는 사람은 그만큼 많아질 것이다.

"아이도, 어른도, 고령자도 혼자 지낸다면 모두가 함께 지내는 편이 좋지 않을까?" 이렇게 생각할지도 모르지만, 개개인의 가치관이 다양해지는 가운데 그런 단순한 해결책은 합의점이 되지 않는다. 결국 저출산·고령화는 고독한 사회를 초래하는 큰 원인이 된다.

일본은 저출산·고령화의 선진국이라고들 하는데, 이런 의미

누구나 고독 속에 산다

에서 보면 앞으로는 고독 사회의 선진국이 될 수도 있다.

지금까지 저출산 · 고령화 문제는 경제 면과 사회보장 면에서만 문제시됐지만 앞으로는 고독과의 관계에서도 논의해야 한다. 즉 앞으로 더욱더 늘어날 고독한 아이와 고독한 고령자가 도대체 어떻게 해야 혼자 활기찬 시간을 보낼 수 있을지 생각해야만 한다.

저출산 · 고령화라는 사회의 중요한 문제에 대응하기 위해 '저출산 대책 담당장관'을 만든 것처럼, '고독 문제 담당장관'을 만드는 것을 검토해야 할지도 모른다. 실제로 영국에서는 이미 '고독 담당장관'이 등장했다. 저출산 · 고령화로 인해 앞으로 일어날지 모르는 고독 문제를 어떤 긍정적인 방향으로 전환할지, 정부도 지혜를 짜낼 필요가 있다.

결혼관과 가정관의 변화

저출산 · 고령화 문제는 결혼관과 가정관의 변화로부터 기인된 것이 크다. 그리고 이것이 또 저출산 · 고령화 문제와는 다른 맥락에서 고독에 영향을 준다고 할 수 있다.

앞에서 '3대가 모여 사는 다복한 가정'이라는 표현을 썼는데, 이전에는 3대가 같이 살고 형제자매가 3명 있는 집이 지극히 평범한 가정이었다. 나의 어린 시절도 그랬다. 나도 3형제였고, 한때는 조부모와 같이 살았다. 당시에는 주변에도 그런 가정이 많았다. 하지만 지금은 그 반대다.

인구조사에서도 3대가 함께 사는 비율은 1980년에 12.2%였지만 그 후 점점 줄어들었다. 1980년은 내가 10살 때다. 2005년의 조사에서는 6.1%까지 줄었다. 나도 그 무렵 아이가 태어나 부모가 되었지만, 3대가 함께 모여 살거나 자녀가 3명인 친구는 거의 없다.

자녀는커녕 50살이 넘어 결혼하지 않은 친구도 많이 있다. 이러한 특징은 젊은 세대에게서 더 많이 나타난다. 요즘 대학생들은 놀라울 정도로 결혼 생각이 없기 때문이다. 만혼화, 비혼화, 독신 세대 증가. 지금, 결혼관과 가정관은 크게 달라지고 있다. 그 배경은 역시 가치관의 다양화일 것이다.

예전에는 결혼하는 것이 당연하게 여겨졌다. 지금처럼 남녀평등이 헌법으로 제정되지도 않았고, 여자는 남자 집에 시집가 아이를 낳고 키우는 것이 당연했다. 가정은 사회의 기초이고 거기서 아이를 낳아 사회인으로 키워야 한다는 공통된 생각이 있었다.

그러나 사회가 서서히 개인주의로 바뀌었다. 지금 그런 발상을 하는 사람은 '살아 있는 화석' 취급을 당할 것이다. 여성도 사회에 진출하면서 경제적으로 남성에게 의지할 필요가 없어졌고, 게다가 현대는 과학기술의 시대이기 때문에 혼자 지내도 불편한 상황은 거의 없다. 결혼할 필요가 사라진 것이다.

물론 누군가를 사랑하는 것은 결혼과 다르기 때문에 연애는 한다. 그 사람과 평생 같이 있고 싶지만, 결혼은 필요 없다. 아니, 오

누구나 고독 속에 산다

히려 결혼은 자신을 옭아매는 귀찮은 행위다. 이렇게 생각하는 것이다.

한번 결혼하면 헤어지고 싶어도 쉽게 헤어지지 못한다. 다른 누군가가 좋아져도 함께 있을 수 없다. 혼자 있고 싶을 때도 혼자 있을 수 없다. 이런 의미에서 보면 결혼은 고독해질 자유조차 허락하지 않는다.

결혼관이 바뀌면 필연적으로 가정관도 바뀐다. 요즘 젊은 세대는 아이가 많은 가정이나 부모와 동거하는 가정을 거의 꿈꾸지 않는다. 본인도 그런 가정에서 자라지 않았는데 그런 가정이 모델이 될 리 없다.

무엇보다 자녀를 키우는 데는 돈이 많이 드는 시대이고, 부모의 뒷바라지를 하는 데도 당연히 돈이 많이 들어간다. 따라서 식구 많은 가정은 힘들다는 인식이 생긴 것이다. 이런 이유로 독신을 선택하는 것도 어느 정도 이해할 수 있다.

이렇게 결혼관과 가정관의 변화 역시 고독으로 이어진다.

과학기술의 진보

과학기술은 계속 발전해 왔다. 과학기술의 진보는 전혀 새로운 상황이 아니다. 그러나 고독과 관련하여 무시할 수 없는 것이 있다. 그것은 인터넷과 인공지능(AI)이라는 더욱더 편리해진 과학기술의 새로운 주역들이다.

인터넷은 약 30년에 걸쳐 우리 인프라의 주역으로 완전히 자리 매김했다. 그리고 지금은 '5G'라고 불리는 초고속 대용량 통신 시스템 덕분에 이차적인 역할까지 기대되고 있다.

아마 앞으로는 생활이나 일에 필요한 모든 것을 자신의 스마트폰이나 컴퓨터를 통한 원격 시스템으로 얻게 될 것이다. 그러면 당연히 사람은 밖에 나가지 않아도 된다. 모두가 귀찮아하는 통근 또는 통학조차 하지 않아도 될 것이다. 이동시간은 낭비이기도 하다. 따라서 과학기술이 발전할수록 사람과 만나지 않고 혼자 방에서 지내는 시간은 더욱더 길어질 것이다.

집 안에서도 바깥세상의 리얼리티는 VR(Virtual Reality)이나 AR(Augmented Reality) 등의 기술로 실제적 경험을 할 수 있다. 아니, 바깥에 나가는 것보다 더 리얼한, 그리고 리얼을 넘어선 초현실조차 경험할 수 있다. 이것은 사람과의 커뮤니케이션에서도 마찬가지다. 실제 인간을 만나지 않아도 '리얼한' 가상 인간을 만날 수 있다.

그러면 군이 밖에 나갈 필요가 있을까? 사람들이 고독하게 방에 틀어박혀 생활하는 것이 당연해지지는 않을까?

만약 그렇게 된다면 '고독'이라는 단어조차 사라질지 모른다. 고독이 당연하게 되기 때문이다. 좋고 나쁨을 떠나 그러한 현실이 도래한다는 것을 전제로 하여 우리는 고독이라는 현상에 대해 논의해야만 한다.

사람들이 밖에 나가 커뮤니케이션을 하지 않아도 되는 상황을 만들어 낸 가장 큰 요인은 무엇보다 SNS일 것이라 생각된다. 지금은 대부분의 사람이 SNS로 메시지를 보내며 인간관계를 맺고 있다. '좋아요'만 눌러도 친구가 될 수 있다. 그것을 소통이라고 부를 수만 있다면. 또는 다른 이가 올린 일상의 사진을 보는 것만으로도 소통을 느끼는 사람도 있다.

그런 의미에서 SNS는 소통을 목적으로 하면서도 반대로 고독한 사람을 생산해 내는 거대한 장치라 할 수 있다.

SNS는 고독 사회에 박차를 가한다고 볼 수밖에 없다.

물론 나도 SNS를 시용히고 있고, SNS가 나쁘다고 말하는 것은 결코 아니다. 도구를 넘어서 그것 자체가 목적이 되는 것이 문제라는 것이다. 이를테면 SNS를 하지 않으면 불안해지는 사람이 있다. 그것은 이미 SNS 자체가 목적이 되었다는 의미다. 커뮤니케이션 도구는 필요할 때만 사용하면 된다. 필요, 불필요를 떠나 SNS를 하지 않으면 일상에 지장이 생긴다는 것은 그것이 목적이 됐다는 증거다.

더욱 큰 문제는 그 커뮤니케이션 도구가 진짜 커뮤니케이션을 불가능하게 한다는 모순에 있다.

이리하여 우리는 SNS 인프라가 넓어지면 넓어질수록 불가피하게 고독한 일상을 강요받게 된다. 그런 가운데 정신을 차리지 않으면 사람과의 진짜 커뮤니케이션은 줄어들게 될 것이다.

경우에 따라서는 그 때문에, 아니, 그 덕분에 집에서 나오지 않고 생활할 수 있게 될 테지만, 그것이 은둔형 외톨이를 만드는 한 가지 원인이 되는 것만은 분명한 사실이다.

100세 시대

인생 100세 시대. 앞으로는 의학이 발전해 건강수명이 늘어나고 누구나 100년을 사는 시대가 될 것이다. 하지만 이것은 평균수명이 20년 늘어날 거라는 단순한 이야기가 아니다.

확실히 지금까지는 인생 60세 시대였다. 즉 60세 정년을 맞이하기 전까지는 악착같이 살다가 그 후에는 은퇴라는 이름의 인생 퇴행기에 접어들었다. 이렇게 말하면 과격하게 들릴지도 모르지만, 일본에서는 이것이 현실이었다. 그래서 노후 복지는 젊은 사람들에게도, 국가에도 엄청난 부담이었다. 마치 60세 이후의 인생은 사회의 부담인 것처럼 말이다.

그러나 100세 시대는 죽기 직전까지 활약할 수 있는 시대다. 단순하게 생각해도 인생의 시간은 배가 되고, 어떤 의미에서는 3배도, 4배도 될 수 있다. 왜냐하면 일과 삶이 바뀌는 것을 제2의 인생, 제3의 인생이라고 부르듯이, 일과 삶이 바뀌면 인생은 그때마다 달라지기 때문이다.

그렇다면 인생 100세 시대에 고독이 왜 문제인가?

우선은, 삶의 시간이 길어지기 때문이다. 그와 더불어 혼자 있는 시간도 상대적으로 늘어나기 때문이다. 물론 혼자 있는 시간이 길어지는 것은 앞에서 이야기한 과학기술 진보의 영향도 크겠지만 말이다.

두 번째는 피곤이다. 인간은 누군가와 계속 함께 있으면 피곤해진다.

하루 중 잠깐은 혼자 있고 싶을 때가 있을 것이다. 100세 시대에는 수개월이나 1년 혹은 수년 동안 혼자 있는 시기가 생길지도 모른다. 이를테면 한 달 정도 훌쩍 여행을 떠나거나, 아무도 없는 곳으로 도망가거나. 조금 더 현실적으로 말하면 혼자 외국 유학을 가거나. 그러한 일이 가능해지지 않을까?

이게 무슨 고독일까 생각하는 사람도 있을 것이다. 고독이라고 하면 아무도 만나지 않고 혼자 방에 틀어박혀 지내는 이미지가 강하기 때문이다. 물론 그것도 고독이다. 그러나 고독이라는 말에는 여러 가지 측면이 있다. 특히 현대사회에서는.

은둔형 외톨이, 경쟁사회의 폐해

　현대사회 고독의 실태 그 일면으로 '은둔형 외톨이'의 문제를 생각해 보자. 은둔형 외톨이나 니트족(일할 의지가 없는 청년 무직자를 뜻하는 신조어-옮긴이)은 현대사회의 고독을 상징하는 대표적인 현상이라 할 수 있다.

　아무것도 하지 않고 집에 있는 것은 아무리 생각해 봐도 고독한 일이다. 그러나 그렇게 생활하는 사람이 많다. 젊은 사람뿐 아니라 중장년층 중에도 은둔형 외톨이는 많이 있다. 40세부터 64세, 즉 중장년층에서 은둔형 외톨이가 61만 명이나 된다는 뉴스가 사회에 큰 충격을 준 적이 있다. 이것은 어디까지나 추산이기 때문에 실제로는 이보다 더 많을 것이다. 젊은 사람까지 포함하면 그 수는 얼마나 많아질까…….

　앞에서 SNS가 사람과 만나지 않고도 커뮤니케이션할 수 있는 환경을 만들어 준다고 했다. 그러나 보통의 경우는 그렇다 해도 사람을 만나려고 한다. 굳이 사람을 피한다는 것은 무언가 큰 이유가 있어서일 것이다.

　나도 은둔형 외톨이를 경험해 봤기 때문에 알 수 있다. 한마디로 말하면 그것은 경쟁사회가 가져온 폐해이다.

　경쟁사회인 이상 '패자'가 나올 수밖에 없다. 진 사람, 특히 철저하게 짓밟혀서 회복하지 못한 사람은 그 레이스에서 내려오고 싶어 한다. 당신은 도저히 이길 수 없는 경기, 또는 질 것이 뻔한 경기에서 계속 달리고 싶은가? 보통은 그 경기에서 그만 내려오고 싶어질 것이다.

은둔형 외톨이나 니트족은 인생이라는 레이스에서 그런 절망감을 맛본 사람들이다. 따라서 그것은 그들에게 부득이한 선택이다.

그리고 지금도 누군가는 인생이라는 레이스에서 내려오고 싶어 하는 것이 현실이다. 즉 젊은 사람부터 중장년까지 실로 많은 사람들이 은둔형 외톨이가 되어 가고 있다는 뜻이다.

그 결과, 고독해진다. 그들을 고독하게 만든 것은 과도한 경쟁 사회라고 해도 과언이 아닐 것이다. 그런 경쟁이 없다면 은둔형 외톨이도 사라지지 않을까…….

고독에 관한 나의 경험

엘리트의 길을 걷다

현대사회에 있어서 고독은 어쩔 수 없는 환경에 의해 주어지는 것이라 해도 과언이 아니다. 좋든 싫든 많은 사람들이 고독을 강요받기 때문이다.

나도 그랬다. 지금까지 인생에서 몇 번인가 혼자 지낸 적이 있었다. 그런데 그때마다 혼자 있는 시간의 의미는 달랐다. 혼자만의 시간이 고통일 때도 있었고, 매우 귀중한 시간일 때도 있었다. 그 차이는 무엇일까? 여기서 고독에 관한 내 경험담을 말해 보겠다.

1980년대, 내가 어렸을 때는 좋은 대학을 나와 대기업에 들어가면 행복이 보장되었다. 어쨌든 그때는 전후 일본의 성장이 성공신화처럼 들리던 시대였다. 노력한 만큼 보상받는 성공신화. 아니, 노력하지 않아도 모두가 가는 방향으로만 가면 성공하는 성공신화. 이 길로만 가면 반드시 성공할 거라는 믿기지 않는 신화. 그 정점이 80년대의 버블경제였다.

다행히 고지식한 나는 주변에서 시키는 대로 열심히 노력하여 교토 대학교 법학부에 합격할 수 있었다. 그리고 대기업에 입사하면서 내 인생에도 엘리트의 길이 활짝 열렸다.

이것으로 내 인생도 장밋빛으로 펼쳐지겠지… 생각한 것도 잠시, 버블경제가 끝나고 성공신화에 어둠이 드리우기 시작했다. 그런 와중에 나는 대만에서 일을 하게 되었는데, 업무로 간 것이기는 하지만 운 좋게도 그곳에서 어학연수생으로 1년간 중국어 공부를 할 수 있었다.

그해(1994년)는 대만 역사상 최초로 민진당이 타이베이 시장 선거에 당선되어 마치 혁명과도 같은 소동이 일어나던 때다. 어느 날 수업을 들으러 학교에 갔는데 '유학생 대표로 정치가와 대담하는 TV 방송에 나가 보라'는 권유를 받았다. 나는 재밌을 것 같다는 생각에 깊이 고민하지 않고 출연을 결심했다. 그런데 그것이 내 인생을 바꿔 놓는 계기가 되었다.

방송에서 "일본인의 눈에 비친 대만의 모습은 어떻습니까?"라는 질문을 받았다. 나는 잘 모르겠다는 의미에서, 서툰 중국어로 '수수께끼의 섬'이라고 대답했다. 실제로 당시에는 지금처럼 대만 여행을 하는 사람이 많지 않았다. 그러나 '수수께끼의 섬'은 중국어로 '길을 잃은 섬'과 발음이 같아서 자막에 그대로 '길을 잃은 섬'이라고 나오고 말았다.

다음 날 학교에 갔더니 방송을 본 대만 학생들이 "우리는 길을 잃은 게 아니야. 독립을 원하는 거야."라고 말하며 내 주위를 에워쌌다.

나는 그때까지 정치에는 완전히 관심이 없었기 때문에 그들의 모습에 깊이 감화됐다. 평범한 학생들이 나라를 바꾸기 위해 이토록 열성적으로 나서는 것에 감동했다.

누구나 고독 속에 산다

퇴사하고 프리랜서에서 은둔형 외톨이로

대만으로 간 이듬해에는 중국 베이징으로 넘어가 영업 일을 시작하게 됐다. 그러나 그 대만 학생들처럼 나도 사회를 바꾸는 일을 하고 싶다는 생각이 점점 더 격렬해졌다. 그들의 열정을 잊을 수가 없었다.

마침내 나는 회사를 그만뒀다. 지금 생각하면 무모함 그 자체였다.

당시 나에게는 사회를 바꿀 지식도 경험도 없었다. 있는 거라고는 높은 자존심뿐이었다. 좋은 대학을 나와 대기업에 근무했다는 자존심. 이것은 정의 구현에는 오히려 방해만 되는 요소였다.

좌절한 나는 인권변호사를 꿈꾸는 등 먼 길을 돌고 돈 끝에 결국은 아무것도 이루지 못하고 프리랜서에서 은둔형 외톨이로 전락하고 말았다. 정신을 차려 보니 20대 후반의 4년 반이라는 긴 시간을 아무 소득 없이 헛되이 보내 버렸다.

특히 마지막 1년 이상은 은둔형 외톨이로 지냈다. 좋은 대학을 나와 대기업에 들어간 엘리트가 지금은 프리랜서를 하고 있다, 이런 소리가 들려오기 시작하자 나는 더 이상 그 누구하고도 만나고 싶지 않았다.

30대가 코앞으로 다가오니 초조함만 더 커졌다. 나는 이제 끝이라는 생각이 들었다.

물론 무엇이라도 할 각오로 열심히 했다면 기회는 있었을 것이다. 그러나 자존심이 허락해 주지 않았다. 큰소리 뻥뻥 치며 회사를 관두더니 결국 다시 회사로 돌아왔다는 소리는 듣기 싫었다.

나는 교토 출신이지만 회사를 그만둔 후에는 도쿄에 머물렀다. 가족이나 친구를 만나는 것도 싫었기 때문이다. 그런 상태에서 은둔형 외톨이가 되어 버리자 의지할 사람이 아무도 없었다. 나를 걱정해 주는 사람은 있었지만 내가 그들을 피하게 됐다.

가장 힘든 건 밤이었다. 낮에는 모르는 사람과 같이 있어도 내가 집단 안에 있다는 느낌을 받을 수 있었다. 그러나 밤이 되면 정말 혼자가 된 기분이 들었다. 정신이 이상해지는 듯한 기분이 들 때도 있었다. 아니, 정신도 서서히 병들어 갔다. 외로움에 판촉 직원을 집으로 불러들인 적도 있었고, 공원에서 행복해 보이는 가족을 부럽게 쳐다본 적도 있었다. 아무튼 지금 생각하면 이상행동을 많이 했다.

게다가 밤에는 잠을 자지 않았기 때문에 퀭한 눈으로 여기저기를 헤매고 다녔다. 그때 내가 헤맨 것은 도쿄 거리만이 아니었다. 인생 그 자체였다. 그것도 혼자서.

아무도 나를 이해해 주지 않는다. 사회는 나를 버렸다. 그렇게 생각하자 까닭 없는 외로움에 온몸이 떨렸다.

누구나 고독 속에 산다

그 떨림은 이윽고 심신을 좀먹기 시작했다. 불규칙한 생활 탓에 몸은 병들고, 마음까지 병들어 갔다. 불안이 원인이었을 테지만, 매일 편두통에 시달렸고 수면장애로 우울증까지 걸렸다.

게다가 대장에 출혈이 생겼는데, 그것이 대장암으로 퍼질지도 모른다는 생각에 한때는 죽음도 각오했다. 다행히 스트레스성 출혈이라 죽지는 않았지만, 그 생활을 몇 달 더 했으면 지금의 나는 이 세상에 없었을 것이다.

철학을 만나다

간신히 몸을 추스른 나는 지푸라기라도 잡는 심정으로 모든 분야의 책을 섭렵했다. 나를 구원해 줄 것만 같은 분야의 입문서부터 종교 서적까지. 그러나 모두 '믿고 따르면 구원받을 것이다'라고 선전하는 책들뿐이었다.

그런데 철학은 달랐다.

철학만이 '스스로 인생을 개척하는 방법'을 알려 주었다.

이른바 '믿고 따르라'가 아니라 '의심하고 스스로 개척하라'라는 메시지였다.

그때까지 나는 큰 간판에 의지하면 인생이 편안해질 거라고 믿고 살았다. 그러나 현실은 전혀 그렇지 않았다. 그래서 이번에는 간판이 아닌 내 힘으로 인생을 개척해 보고 싶었다. 철학은 확실히 그런 학문이었다.

"이거다!"

나는 철학 입문서 몇 권을 탐독했다. 철학 고전은 너무 난해해 읽을 수 없었기 때문이다.

그때 읽은 입문서 제목은 기억나지 않지만, 모든 책에는 공통적으로 '의심의 중요함'과 '나와 마주하는 방법'이 적혀 있었다. 그것은 아직도 내 머릿속에 강한 인상으로 남아 있다.

내 경험을 통해 깊이 깨달은 것은 '철학은 고독해진 후에 만나는 것이 가장 좋다'는 것이다. 왜냐하면 고독하면 고민이 많아지기 때문이다. 그 고민에서 빠져나오기 위한 도구가 바로 철학이다.

대부분의 사람이 대학에 들어가 교양과목으로 어쩔 수 없이 철학을 선택한다. 이것은 매우 불행한 만남이다. 원래 학문으로 만난 철학은 좋아할 수 없게 된다. 게다가 교양과목에서 배우는 철학은 담당교수의 전공을 요약해 듣는 것이 전부이기 때문에 확실히 재미가 없다. 이것은 철학이라기보다는 철학사이거나 혹은 어느 철학자의 학설에 관한 소개가 대부분이다.

그러나 본인이 적극적으로 철학을 갈구하는 경우에는 다르다. 이때는 인생의 고민에 답하는 도구로서 철학을 만나는 것이기 때문에 전혀 다른 재미를 맛볼 수 있다.

어느 쪽이 진짜 철학의 모습일까? 분명 후자일 것이다. 철학은 결코 학문의 소재가 아니라 잘 살기 위한 도구이기 때문이다. 이것이 고대 그리스 철학자 소크라테스가 시작한 철학이라는 행위다.

다행히 나는 고독 속에서 철학을 만난 덕분에 이런 근사한 인상을 가질 수 있었다. 그런 의미에서도 나의 고독에 감사한다.

서른, 간신히 사회로 복귀하다

이렇게 철학에 몰두하는 동안에 고독은 어느샌가 사라져 버렸다. 이것은 완전히 이상한 감각이었다. 여전히 혼자 인생을 생각하는 날이 많았지만, 지금까지와는 전혀 다른 기분이었다.

정신을 차려 보니 나는 직업을 찾고 있었다. 서른 살도 받아 주는 시청 채용시험에 원서를 쓰고 있었다.

"왜 시청에?"라고 물을지도 모르겠다. 하지만 대만에서 있었던 일을 계기로 세상을 바꾸고 싶다는 생각에 덜컥 회사를 그만둬 버렸고, 그런 나로서는 필연적인 선택이었다. 조금 더 일찍 그런 선택을 했다면 좋았을 테지만, 회사를 그만둔 직후에는 그런 결심이 곧바로 서지 않았다. 그러나 4년 반에 걸친 은둔형 외톨이 생활, 그리고 철학과의 만남은 나의 하찮은 자존심을 꺾어 놓았다.

철학을 만나 180도 변한 나의 생활은 그야말로 매일이 알찼다. 혼자 괴로워하며 지내던 일상은, 혼자 책을 읽고 생각하는 일상으로 변화되었다.

나이 서른에 시청에 들어갔지만 그래도 신입이었기 때문에 나에게는 어린 동기들이 많이 있었다. 대학을 갓 졸업한 동기들은 화기애애하게 점심을 같이 먹고 저녁에는 술자리도 많이 가졌다.

그들은 모두 좋은 사람들이어서 나이가 많은 나도 스스럼없이 끼워 주려 했다. 하지만 그때 나는 이미 철학에 눈을 떴기 때문에 내 시간이 아까워 거절했다. 은둔형 외톨이 시절이었다면 매일 그들을 따라다녔을 테지만 이번에는 오히려 돈을 주고서라도 혼자 있고 싶었다. 이것은 농담이 아니라 실제로 술자리에 참석하지 않아도 회비를 냈고, 다른 핑계를 대며 모임에는 참석하지 않았다.

점심시간에도 자료실에 틀어박혀 책을 읽자 자연히 그런 캐릭터가 자리 잡혀 아무도 나에게 회식을 권하지 않게 되었다. 그들은 나를 사람들과 어울리지 못하는 불쌍한 아저씨로 쳐다봤지만, 나는 내심 안심했다. 이제 정말 혼자가 되었다고.

그것은 30년 내 인생에서 처음 있는 일이었다. 이후 나는 일관되게 그런 스타일을 고수했다.

내 고독은 어느 순간부터 긍정적인 것으로 바뀌었다. 구체적으로는 철학을 만난 덕분이겠지만, 지금 생각하면 그뿐만은 아니다.

부정적인 고독에 괴로워하던 날이 긍정적인 고독의 준비 기간이었음이 틀림없다.

시청 직원 오가와 히토시, 철학자가 되다

시청 직원으로 일하면서도 나는 꾸준히 철학 공부를 했다.

그러던 어느 날, 일하면서도 철학 공부를 할 수 있는 대학원이 있다는 것을 알게 됐다. 아마 대학 광고지였을 것이다. 거기에 '평생연구'라는 매력적인 글씨가 적혀 있었다. 야간 대학원이라 직장인도 저녁에 수업을 들으면 석사나 박사 학위를 받을 수 있었다. 세미나도 저녁이나 주말에 열 가능성이 있었다.

더 알아보니 사회와 관련된 '공공철학'도 배울 수 있었다. 그 당시 나는 철학을 공부하면서도 대만에 있을 때 가졌던, 세상을 바꾸고 싶다는 그 열망만은 변함이 없었다.

"이거다!"

내 안에서 '나를 바꾸는 철학'과 '세상을 바꾸는 철학'이 하나로 연결됐다. 이것이 바로 공공철학이라는 분야다.

이후 나는 다양한 종류의 철학을 접했지만 결국은 공공철학을 연구하게 됐다.

대학원에서는 그저 문헌을 읽는 것이 아니라 그 해석에 대해 토론하고, 논문을 쓰기 위한 작법을 배웠다. '입문서를 읽은 후에는 고전을 읽는다, 그리고 그 의미를 생각한다.' 이 과정은 나 혼자서도 할 수 있지만, 모르는 부분을 해석하고 논문을 쓰는 것은 혼자 할 수 없다. 대학원에서의 연구는 나에게 철학이라는 학문을 깊이 깨우쳐 주는 소중한 기회였다. 무엇을 어떻게 생각하고 어떻게 언어화할지, 철학의 방법을 알게 되자 그러한 표현력이 높아졌다.

그때까지 나는 무언가를 생각하려 해도 난관에 부딪히기 일쑤였고, 내 생각을 말로 표현하지 못했던 적이 많았다. 그러나 그 방법을 깨우치자 나는 마치 웅변가가 된 기분이었다. 서서히 생각을 논문으로 쓰고 발표할 수 있게 됐다.

그 덕분에 나는 박사과정 3년째에 운 좋게도 공업고등전문학교의 철학 교사로 채용됐다. 그 시점에서 시청 직원 오가와 히토시는 철학자가 되었다. 실제로 이것은 내가 처음으로 쓴 저서의 제목이기도 하다.

서른여섯 살에 나는 시청을 퇴직하고 공업고등전문학교에서 교사 생활을 시작했다. 철학자로서.

시청 직원, 아니, 은둔형 외톨이였던 내가 철학자가 된 것은 고독에 몸부림친 나날 덕분이었다. 그러나 동시에, 고독을 공부한 나날 덕분이기도 하다.

부정적인 고독에서 긍정적인 고독으로

인생은 단체전이 아니라 개인전이다

내 인생을 되돌아보고 새삼 느낀 것은 사람은 집단으로만 있어
도 안 되고, 부정적인 고독에 사로잡혀서도 안 되며, 마지막에는
긍정적인 고독을 손에 넣어야만 한다는 점이다.

부정적인 고독에 빠졌을 때 나는 혼자 있으면 불안했고, 사람
들과 웃고 떠드는 것이 행복이라 여겼다. 3형제인 데다가 3대가
함께 살았던 어린 시절 때문인지도 모른다. 학교도 친구들과 같
이 다녔다. 어쨌든 혼자 있는 게 무서웠다. 나는 그런 어린 시절을
보냈다.

대학에 들어가서도 마찬가지였다. 혼자 다른 행동을 한다는 건
생각조차 할 수 없었다. 누군가와 만날 약속이 없는 날은 불안을
느꼈다.

개중에는 갑자기 하고 싶은 게 생겼다며 휴학을 하고 아프리카로 가거나 프랑스로 유학을 떠나는 동기도 있었는데, 나는 그들을 보며 "외국에 나가면 외롭지 않을까." 하며 남의 일을 진심으로 걱정할 정도였다. 그들은 오히려 아무 생각 없이 친구들과 어울려 허송세월하는 나를 걱정했을 것이다.

어쨌거나 나는 친구들과 같이 졸업하고 같이 취업하면 그것만으로도 행복해질 거라고 믿었다. 그러나 현실은 달랐다. 인생은 결국 단체전이 아니라 개인전이었다. 그것은 길에서 조금만 벗어나면 알 수 있다.

나의 경우 회사를 그만두자 그 현실을 실감할 수 있었다. 회사 밖에도 비슷한 모임이 있고 내가 즐길 곳은 충분히 있다고 생각했는데, 그러나 사회는 그렇게 만만한 곳이 아니었다.

그 후 부정적인 고독에 빠져 괴로움에 몸부림치는 처지가 되었지만, 반대로 그 경험 덕분에 나와 마주하는 시간을 충분히 가질 수 있었다. 나 자신과의 대화, 나 자신의 일에 집중했다.

그러나 당시의 나에게 그것은 매우 큰 고통이었다. 왜냐하면 내 안에는 그 상황과 정반대되는 사람들과 어울리고 싶다는 열망이 있었기 때문이다.

고독한 시간을 적극적으로 보내게 된 순간부터 나는 이 사실을 깨달았다. 삶에는 사람들과 어울리는 것과 고독에 몸부림치는 것, 이 두 개의 선택지만 있는 게 아니라는 것을.

혼자이지만 하고 싶은 것이 있다. 그것에 집중하고 싶다. 그렇게 생각한 순간부터 부정적인 고독은 긍정적인 고독으로 바뀌었다.

그 계기를 만들어 준 것이 철학이다.

철학과 격투하고 어둠에서 빠져나오다

철학을 만나고 빨려들 듯이 그 세계관에 매료된 나는 자는 시간도 아까워하며 매일 철학 입문서를 닥치는 대로 읽었다. 입문서라고는 해도 한 권을 제대로 이해할 때까지는 꽤 많은 시간이 걸렸다.

여러 번 이사 다닌 탓에 지금은 어디에 있는지 모르지만, 최초에 읽은 입문서는 철학 연구가가 된 후에도 내 책장에 꽂혀 있었다. 어느 날 그 책을 꺼내 들었다가 생각지도 않게 눈살이 찌푸려졌다. 본문에는 글을 읽을 수도 없을 만큼 많은 줄이 쳐져 있었고, 여백이 없을 정도로 많은 메모가 적혀 있었기 때문이다. 당시는 한 권을 이해하기 위해 몇 번이나 다시 읽고, 중요한 부분에는 줄을 치고, 의문이 생기면 메모를 했다.

결국 내가 출간한 철학 입문서는 그때 읽은 몇 권의 책이 기초가 되었다.

지금 생각하면 무언가 엉뚱한 메모 같지만 그래도 나는 필사적으로 싸운 것이다. 저 밑바닥으로 추락한 나와, 철학이라는 힘겨운 맹수와, 고독이라는 깊은 어둠과. 그리고 다행히 노력의 보답으로 그것들을 이겨 낼 수 있었다.

내 기분은 긍정적으로 완전히 바뀌었고, 사회로 되돌아가고 싶다는 마음 또한 생겼다. 철학도 어려움 없이 이해할 수 있게 되었고, 조금 더 깊이 공부하고 싶어졌다.

이것은 매우 큰 변화였다. 사람들은 철학에 흥미를 느껴도 조금 더 가면 그 심오함과 난해함에 부딪혀 좌절해 버린다. 그러나 궁지에 몰린 탓인지 나는 어떻게든 극복할 수 있었다.

게다가 고독이라는 깊은 어둠 속에서 벗어나 밝고 긍정적인 나를 되찾을 수 있었다.

아니, 주변에서 보면 나는 여전히 외톨이였는지도 모른다. 그러나 무언가 마음의 변화가 있었다.

이렇게 해서 나는 마침내 고독이라는 맹수에게 잡아먹히지 않는 인간으로 성장할 수 있었다. 그래서 나는 사람들과 다른 것을 선택하고, 그 길로 성공할 수 있었던 것이다.

이 장대한 경험에서 내가 얻은 것은 무엇일까? 한마디로 말하면 '부정적인 고독을 긍정적인 고독으로 바꾸는 방법'이다. 고독을 강인한 힘으로 전환해 충실한 일상을 보내고 성장해 나가는 방법이다. 이것은 철학을 만나 얻은 결과이다.

고독을 생각하다

철학을 통해

2

고독이란 무엇일까?

'혼자는 외롭다'는 생각

지금까지 고독의 실태, 그리고 고독에 대한 나의 경험을 이야기했다. 그러면서 '고독'이라는 말에 대해서는 별다른 설명 없이 사용해 왔다.

하지만 당신은 이미 고독에도 장점과 단점이 있다는 것을 알았을 것이다. 나도 부정적인 고독, 긍정적인 고독이라는 표현을 통해 고독에 두 가지 성격이 있음을 언급했다.

그럼 이제 본격적으로 고독이란 무엇인지 생각해 보자.

일본어에는 한자, 히라가나, 가타카나 세 종류의 문자가 있다. 이를테면 '사람'은 '人, ひと, ヒト'로 적을 수 있고, '모양'은 '形, かたち, カタチ'로 적을 수 있다. 이 경우 뉘앙스나 사용되는 영역은 각각 다르다. 그러나 고독을 '孤独, こどく, コドク'라고 다르게 표기해도 그 어떤 차이도 발생하지 않는다.

아마 모든 사람이 품고 있는 고독의 이미지는 '혼자서 외로운 것'일 것이다. 현재 고독이라는 말은 기본적으로 부정적인 문맥으로 사용된다. '고독한 사람', '고독하게 살아가다', '고독한 생활', '고독에서 도망치고 싶다' 등등……. 이것은 고독이 그만큼 우리 사회에서 부정적인 존재로 확립되어 있다는 증거라고도 할 수 있다.

그러나 정말 그럴까? 어쩌면 그것은 착각이 아닐까? 이렇게 생각하는 것이 철학이다.

사실 우리가 일상에서 사용하는 말은 대부분 착각의 산물이라고 해도 과언이 아니다. 그 때문에 오용이 생기는 것이고, 그것이 원인이 되어 말의 본래 의미가 바뀌기도 한다. 따라서 본래 의미가 무엇인지 의심해 볼 필요가 있다. '고독'에 대해서도 마찬가지다.

본래 철학의 세계에서는 처음부터 이렇게 의구심을 던지며 토론을 시작하지만, 구체적인 이야기를 빼고 갑자기 의구심을 던지면 추상적인 토론으로 끝나 버리는 경우가 많기 때문에 나는 가능한 한 구체적인 이야기를 한 다음에 그 개념에 대해 설명한다. 그리고 또다시 구체적인 이야기로 들어간다.

나는 〈철학 카페〉에서도 이 스타일을 고수한다. 그날의 주제가 구체적으로 어떤 장면에서 어떤 문제점이 있는지 공유하지 않으면 추상적인 개념만 맴돌아 토론은 매우 어려워지기 때문이다.

그래서 나는 모든 주제에 대해서, 우선은 참가자가 그 주제 또는 그 말을 어떤 식으로 사용하고 어떤 식으로 받아들이는지 물어보고 전원에게 공유한다. 그 시점에서 이미 다양한 접근방법이 있다는 것이 밝혀지고, 이것은 생각을 의심하는 작업인 철학을 시작하는 좋은 워밍업이 된다.

개중에는 "다른 사람의 경험담은 이제 됐으니까, 빨리 철학을 시작합시다."라고 말하는 사람도 있지만, 그 시점에서 이미 철학은 시작됐다고 할 수 있다.

고독은 집단 속에서 맛보는 혼자만의 시간이다

그러면 고독이란 무엇일까?

우선은 철학의 기본적 작법에 따라 검토해 보자. 즉 일반적으로 생각되는 '고독'을 말한 후에 그것을 의심해 가는 방법이다.

당신은 고독을 어떤 식으로 정의하고 있는가?

정의라고 말하면 뭔가 거창하게 들릴지도 모르지만, 누구나 고독의 의미에 대해 이런저런 이미지를 갖고 있을 것이다. 대부분 그 이미지는 사전의 해설과 다르지 않다. 말의 의미를 사전에서 찾아 그대로 외워 버렸기 때문이다. 요즘은 인터넷으로 단어를 검색하는 사람도 많을 것이다. 하지만 그것도 마찬가지다. 인터넷 사전이나 그것을 대신하는 사이트에서 찾은 것일 테니 말이다.

대사전은 고독을 이렇게 정의한다.

'부모나 친구 없이 홀로 있는 것. 마음 통하는 사람이 없어 쓸쓸한 것. 또는 외로운 것.'

어떤가? 당신이 생각한 이미지 그대로인가?

아마 대부분의 사람이 그렇게 생각할 것이다. "저 사람은 고독한 사람이야." "나는 고독해."라고 말할 때는 대개 그런 의미로 사용한 것이기 때문이다. 대사전의 정의대로라면 고독은 정말 외로운 상태다.

하지만 정말 그럴까?

'부모나 친구 없이 홀로 있는 것'이 고독이라면, 친구가 있으면 고독이 사라질까? 또한 '마음 통하는 사람이 없어 쓸쓸한 것'이 고독이라면, 마음 통하는 사람이 없을 때는 항상 쓸쓸한 걸까?

이렇게까지 말하면 어딘가 비뚤어진 사람처럼 보일 테지만, 이 것이 바로 철학이다. 이렇게 해야 비로소 당연함 뒤에 있는 진짜가 보이기 때문이다.

그럼 의심한 후에는 어떻게 해야 할까? 이제는 시선을 바꿔서 다양한 각도로 바라봐야 한다.

이를테면 간신배에게 둘러싸인 왕은 어떤 기분이었을까? 온종일 팬들과 매스컴이 따라다니는 아이돌은 어떤 기분일까? 내가 왕이라면 사람들에게 둘러싸여 있어도 고독을 느꼈을 것이고, 항상 팬이 따라다니는 아이돌이라면 오히려 무인도로 도망치고 싶을 것이다. 고독해지기 위해서. 이렇게 시점을 바꿔 보면 사전의 정의가 반드시 정답은 아니라는 것을 알 수 있다.

그러면 여기서 고독의 의미를 나름대로 재구성해 보자. 새로운 말로 다시 파악해 보는 것이다.

'고독이란 주변의 사람 수와 관계없이 생기는 것. 때로 혼자 있고 싶을 때는 스스로 그렇게 될 수도 있는 것.'

철학에서는 조금 더 심도 있는 과정을 통해 이 결과에 도달하지만, 요약하면 이렇게 될 것이다.

그리고 마지막에는 이 재구성한 말을 조금 더 다듬는다. 즉 '고독이란 무엇무엇이다'라는 식으로 말이다. 앞의 문장을 나름대로 짧게 요약하면,

'고독이란 집단 속에서 맛보는 혼자만의 시간이다.'

이렇게 말할 수 있다.

이것은 어디까지나 가설이다. 이 책을 통해서 조금 더 깊이 사색하다 보면 마지막의 마지막에는 나의 최종 대답이 나올 것이다.

아니, 철학에는 끝이 없기 때문에 최종 대답이라는 것도 없다. 어디까지나 이 책에서의 최종 대답이다.

철학은 사람에 따라서 대답이 바뀌고, 그 사람이 놓인 상황에 따라서도 대답이 바뀐다. 따라서 거듭 생각할 필요가 있다.

어딘가에 진리가 있을지도 모르지만, 그것은 쉽게 도달할 수 있는 것이 아니다. 우리에게 있는 것은 진리가 아니라 그때그때마다 바뀌는 최고의 대답뿐이다.

과학을 통해 고독을 생각하다

조금 더 객관적인 토론을 원하는 사람을 위해 과학적인 이야기를 해보겠다.

세상에는 고독을 과학적 시점으로 바라보는 사람도 있다. 이를테면 존 카치오포·윌리엄 패트릭의 저서 《인간은 왜 외로움을 느끼는가》를 들 수 있다. 그들은 다양한 실험을 통해 외로움에 영향을 미치는 세 가지 요인을 발견했다.

❶ 사회적 단절을 두려워하는 정도
❷ 고립감에 얽힌 감정을 조절하는 능력
❸ 디인에 대한 심적 표상, 예기, 추론

이들의 상호작용이 외로움의 원인이라고 말한다.

이 세 가지 요인은 다음과 같이 바꿔 말할 수 있다.

❶ 혼자 있는 것을 두려워하는 정도
❷ 고립됐을 때 멘탈을 컨트롤하는 힘
❸ 타인의 생각에 대한 자신의 견해

이를테면 혼자 있는 것에 서툴고 혼자 있으면 쉽게 불안해지는 사람이 있다. 그러나 그때 자신의 멘탈을 잘 컨트롤하면 문제는 되지 않는다. 멘탈을 컨트롤하지 못하고, 아무도 나에게 관심이 없다고 생각해 버리면 고독감에 빠질 수밖에 없다.

이 이야기를 듣고 나는 한 학생이 떠올랐다. 그 학생은 유학 중에 이와 비슷한 경험을 했다고 했다.

그는 원래 혼자 있지 못하는 성격인 데다가 멘탈을 컨트롤하지 못해 괴로워하고 있었다. 언어의 장벽도 있고, 아무튼 현지 학생들과 쉽게 어울리지 못했다. 그리고 어느 날 어쩌면 현지 학생들이 일부러 자신을 따돌리는 것일지도 모른다는 생각을 하기 시작했고, 그러자 고독감은 증폭되었다고 한다.

확실히 사람이 고독에 빠지는 이유는 이러한 것들 때문이다.

그런 까닭에 나는 '혼자 있는 두려움의 정도가 왜 사람마다 다르게 나타나는지'를 고민하게 되었다. 왜냐하면 그것이 고독의 가장 큰 요인이라고 생각했기 때문이다. 그리고 만약 그것이 유전적인 영향 때문이라면 다른 동물들은 고독을 느끼지 못하는 건지도 궁금해졌다.

사실 이 궁금증에 대해서도 카치오포와 패트릭은 명쾌한 답을 주었다. 그들은 '해리 할로 실험'을 소개한다. 이는 인간에게도, 다른 동물에게도 타인과의 관계, 특히 따뜻한 스킨십이 고독과 관계있음을 시사한다.

이미 알고 있는 사람도 있겠지만, 해리 할로 실험은 어미에게서 강제로 떨어뜨려 놓은 새끼 원숭이에게 헝겊으로 만들어진 가짜 어미와 철사로 만들어졌지만 대신 젖병을 달고 있는 가짜 어미를 주고 둘 중 누구에게 다가가는지 확인하는 실험이다. 새끼 원숭이는 우유를 먹을 때만 철사로 만들어진 어미에게 다가갔고, 그 외에는 헝겊으로 만들어진 어미에게 매달려 있었다. 즉 새끼 원숭이는 따뜻한 촉각을 원한 것이다.

그리고 따뜻한 스킨십 없이 자란 원숭이는 정신과 정서 발달이 대폭 늦어진 것이 발견됐다. 즉 어렸을 때 부모나 타인과 적절한 관계를 맺지 않으면 고독해질 가능성이 있다는 이야기다.

확실히 그럴지도 모르지만, 내 입장에서 말하면 이것은 어디까지나 부정적인 고독에 해당한다. 적극적으로 고독을 선택하고 나와 마주하는 시간이 많은 사람은 오히려 정신도, 정서도 안정되기 때문이다.

그들이 제안한 외로움에서 벗어나는 방법은 참고할 만하다. 왜냐하면 이것은 내가 말하는 긍정적인 고독을 손에 넣기 위한 방법론이 되기도 하기 때문이다.

카치오포와 패트릭은 외로움에서 벗어나는 방법으로 'EASE'를 제시했다. E는 'Extend Yourself(다른 사람에게 손 내밀기)', A는 'Action Plan(구체적인 행동 계획)', S는 'Selection(선택)', E는 'Expect(최선을 기대하기)'다. 다른 사람들에게 먼저 다가가고, 구체적인 행동을 계획하고, 관계의 양이 아닌 질을 선택해 최선을 기대하는 태도를 가지면 좋은 결과를 얻을 수 있다. 이것이 바로 타인과 적절한 관계를 맺는 과정이다.

이 책의 5장에서 '긍정적인 고독을 손에 넣는 7스텝'을 소개하는데, 기본적으로는 이와 비슷하다. 타인과 적절한 관계를 맺는 과정과 진짜 나와 관계를 맺는 과정은 같기 때문이다.

철학을 통해 고독을 생각하다

고독의 폭

　고독에 대해 생각하다 보면 고독의 폭이 존재한다는 것을 알게 된다. 즉 사람마다 고독의 의미를 다르게 받아들인다는 뜻이다. 이른바 고독에도 그러데이션이 있다고 말할 수 있다.

　이 점에 대해서 심리학자 모로토미 요시히코는 자신의 저서 《고독의 달인》에서 고독을 세 가지로 분류했다.

　첫 번째는 자신이 선택한 것이 아니라 마지못해 그러한 상태가 되어 버린 사회적 고립이다. 저자는 이것을 〈비선택적 고독〉이라고 말한다.

　두 번째는 굳이 주체적으로 고독을 선택한 〈선택적 고독〉이다.

　세 번째는 조용히 혼자 자신의 깊은 내면에 잠기는 〈실존적 깊은 고독〉이다.

　이 세 가지 고독에서는 소극적인 고독에서 적극적인 고독으로 점차 진화해 가는 이미지를 느낄 수 있다. 이것은 '고독은 삶의 선택이다'라는 의미에서는 알기 쉬운 도식이지만, 사실 고독은 이보다 조금 더 복잡하다.

　조금 극단적으로 생각해 보자. 이를테면 고독을 한가운데 두고 그와 대조되는 상황과 감정을 생각해 보는 것이다.

　우선 마음 통하는 사람과 함께 있어서 마음이 충족된 상태를 떠올릴 수 있다. 이렇게 마음이 충족된 상태가 고독의 한쪽 끝에 있다고 생각하자. 반대로 고독 정도가 아니라 이 세상에 다른 사람 하나 없이 나만 존재하는 상태가 다른 한쪽 끝에 있다고 해보자.

전자는 뭐라고 표현하면 좋을까? 모두가 서로 돕는 상태인 '연대'라는 말은 어떨까? 혼자가 아니라 모두가 마음을 공유하고 서로 돕는 것이기 때문에 분명 마음이 충만할 것이다. 하지만 무언가 부족한 느낌도 있다. 연대라는 말은 정치에서 많이 사용하기 때문인지, '공동 투쟁'의 이미지가 떠오르는 것이 사실이다.

조금 더 순수하게 마음을 나누는 상태를 뭐라고 표현해야 할까? 물론 '행복'이나 '만족' 등의 단어가 있지만, 그렇게 말하면 너무 광범위해지지 않을까? 이들은 너무 포괄적인 단어이기 때문에 사람과 사람 관계에 초점을 맞춘 말이 있다면 좋을 것이다.

그렇다면 누군가를 이해하는 〈공감〉이라는 표현은 어떨까? 사실 '공감 상태'라고 말하는 편이 정확하지만, 이런 표현은 잘 사용하지 않기 때문에 '공감'이라는 말이 더 어울릴 것이다.

그러면 공감의 반대편에 있는 것은 무엇일까? 나는 〈절망〉이라고 생각한다. 절망이란 아무도 나를 이해해 주지 않고, 나조차도 나를 이해하지 못하는 상태다. 마치 '벼랑 끝에 서 있는' 것과 같은 상태일 것이다.

고독은 〈공감〉과 〈절망〉 사이에 존재하는 중간적 상태다.

그렇게 생각하면 고독의 가능성이 넓어지지 않을까? 고독은
결코 극단적인 상태는 아니기 때문이다.

　고독과 비슷하지만, 이것과는 다른 뉘앙스를 띠고 있는 '고고
(孤高)'라는 말이 있다. 고고란 '혼자 있는 것을 적극적으로 받아
들이고, 그런 상태를 신경 쓰지 않고 초연하게 있는 것'을 의미한
다. 이 점에서 보면 내가 말하는 긍정적인 고독과 비슷하지만, 고
고는 고독의 점잖은 버전 같다. '고상하다'거나 '세속과 떨어져 있
다'는 등의 표현이 이와 유사하다.
　그 외에 '고답(高踏)'이라는 말도 있다. 이는 '속된 마음을 버리
고, 현실과 동떨어진 것을 고상하게 여긴다'는 뜻이다. 문학의 한
분야로 '고답파', '고답주의'가 있는데, 이것이 고답의 전형적인 예
다. 고답파는 19세기 프랑스에서 출현했으며, 엄격한 형식과 감
정 초월이 특징이다. 일본에서는 모리 오가이 작가가 고답파에
속한다. 아마 그가 쓴 소설 《무희》의 주인공 오타 도요타로의 이
미지 때문일 것이다.
　아무튼 내가 말하는 긍정적인 고독이란 이들과는 느낌이 조
금 다르다. '고고'나 '고답'은 〈공감〉과는 동떨어져 있다. 그렇다고
〈절망〉도 아니다. 이것은 앞에서 말한 고독의 폭 안에 있지 않은,
다른 차원에 있는 고독인 것 같다.

긍정적인 고독을 그림으로 표현하면

도식적으로 표현하면 〈공감〉과 〈절망〉이 가로축에 있고, 세로축 위에 〈고고〉가 있는 이미지일 것이다. 그러면 세로축 아래에는 무엇이 있을까? 이것은 사람들과 함께 있으면서 그들을 신경 쓰고 있는 상태이기 때문에 〈의존〉이라고 해도 좋을 것이다.

즉 고독과의 관계에서 유대관계의 정도를 가로축에 놓는다면, 그 양극을 각각 〈공감〉과 〈절망〉으로 정할 수 있다. 그리고 고독과의 관계에서 다른 사람에게 의존하는 정도를 세로축에 놓으면, 그 양극을 〈고고〉와 〈의존〉이라고 정해 놓을 수 있다.

사분면으로 그리면, 내가 긍정적인 고독이라고 부르는 상태는 아마 〈공감〉과 〈고고〉가 만나는 영역일 것이다. 그리고 다른 사분면에 위치한 부분은 전부 부정적인 고독이라고 말해도 좋다.

〈절망〉과 〈의존〉 영역에서는 가령 고독하게 있어도 타인에게 폐를 끼치기 쉽고, 〈공감〉과 〈의존〉 영역에서는 타인에게 집착하기 쉽다. 또한 모순된 영역이기는 하지만, 〈고고〉와 〈절망〉 영역에서는 조금 위험한 방향으로 가 버리기 쉽다. 따라서 모두 문제가 있는 것이다.

모로토미 요시히코의 분류로 말하면 〈비선택적 고독〉은 부정적인 고독, 〈선택적 고독〉과 〈실존적 깊은 고독〉은 긍정적인 고독에 해당한다. 긍정적인 고독은 〈실존적 깊은 고독〉에만 국한될 필요는 없다.

요약하면 혼자 있는 것을 적극적으로 선택하고 받아들이면 되고, 때로는 마음 편안하게, 때로는 심각하게 그 상태와 마주하면 된다.

어쨌든 나는 긍정적인 고독이라고 불리는 이 유일한 부분을 조금 더 깊이 탐구해야 한다고 생각한다.

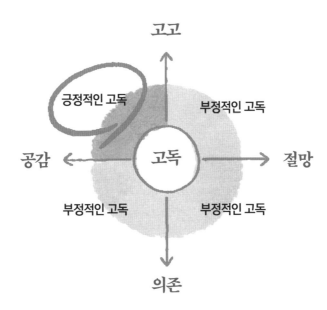

고독을 두려워하는 사람,
즐기는 사람

한일 영화로 본 고독감

그러면 고독을 두려워하는 사람과 고독 따위는 상관없이 인생을 즐기는 사람, 이 둘로 나뉘는 이유는 무엇일까?

아마도 그것은 마음의 문제일 것이다. 사람은 같은 상황에 놓여도 각기 다른 생각을 한다. 그렇다면 결국 마음의 문제라고밖에 말할 수 없다.

똑같은 상황 속에서 고독을 느끼는 사람과 그렇지 않은 사람이 있다. 부득이하게 혼자 있는 시간이 많아진 지금은 그것을 고독이라고 생각하지 않는 것이 상책이다. 또는 그것을 부정적인 고독으로 생각하지 않고, 긍정적인 고독으로 전환해 즐긴다면 문제는 해결될 것이다. 결국 고독이란 객관적인 상황이 아니라 자기

철학을 통해 고독을 생각하다

마음의 문제인 것이다.

최근 나는 어느 두 영화를 비교할 기회가 생긴 덕분에 '고독은 마음의 문제'라는 생각을 확신하게 됐다. 두 영화 모두 명작이다.

하나는 야마다 요지 감독의 〈동경가족〉이다. 이는 오즈 야스지로 감독의 명작 〈동경 이야기〉를 리메이크한 영화다. 또 하나는 윤제균 감독의 한국 영화로, 한국의 아카데미상이라 불리는 대종 상을 수상한 〈국제시장〉이다.

두 영화의 공통점은 가족을 주제로 했다는 점, 그리고 가족을 위해 헌신하는 아버지가 주인공이라는 점이다. 그러나 똑같이 가족에게 헌신한 아버지라 해도 말년에 이른 그들의 마음 상태는 대조적이다.

〈동경가족〉의 아버지는 도쿄에서 생활하는 자녀들에게 의지하려고 하지만 그 기대가 무너지자 고독감을 느낀다. 자녀가 모두 독립했음에도 불구하고 다른 사람과 비교하며 자신의 상황을 비관하기 때문이다.

한편 〈국제시장〉의 아버지는 격동의 시대에 가장으로서 어떻게든 가족을 위해 살아가려고 애쓴다. 그런 까닭에 성장한 자녀들의 냉담한 태도에 오히려 기쁨을 느낀다. 힘들었던 자신의 시대와는 달리 자녀들은 행복하게 되었다면서.

이렇듯 고독이란 객관적인 상황이 아니라 어디까지나 마음의 문제다. 똑같이 자녀가 있고, 자녀들이 똑같이 냉담하게 대할 때도 고독을 느끼는 사람과 그렇지 않은 사람이 있다. 이것은 자신이 그 상황을 어떻게 받아들이는지의 문제다.

사상적으로 생각해도 이는 다르지 않다.

이스라엘의 사상가 유발 하라리는 모든 것은 우리의 머릿속에서 일어난다고 했다. 그의 베스트셀러 《사피엔스》의 최대 포인트는 바로 이것이다.

우리의 선조인 사피엔스는 어떻게 이 세상을 지배하게 되었을까? 그것은 사피엔스만이 머릿속으로 픽션을 만들었기 때문이다.

영화 〈매트릭스〉처럼 가상 세계에 살고 있는 듯한 느낌이 들때, 사람은 거기서 빠져나오면 현실 세계로 복귀할 수 있다고 믿는다. 즉 진짜 내가 어디에 있는지 생각하는 것이다. 그런데 하라리의 말에 의하면, 그런 것은 없다. 진짜 나 또한 어떤 영향으로 만들어진 세계 속에 살고 있는 존재이기 때문이다.

반대로 말하면,

세계는 우리의 머리가 그린 것이다. 따라서 어떤 세계를 그리는지에 따라 우리가 사는 세계는 충분히 바뀔 수 있다.

왠지 평행우주 같은 비현실적인 이야기로 들릴지도 모르겠지만.

철학을 통해 고독을 생각하다

고독을 즐긴 겸호법사

예로부터 일본은 두 개의 세계를 살아가는 것에 익숙하다. 출가해 속세와 떨어져 사는 것은 그런 감각일 것이다.

일본 사람이라면 누구나 학교에서 《도연초(徒然草)》(상하 2권, 244단으로 이루어진 가마쿠라 말기의 수필-옮긴이)를 배운다. 그 고전을 읽다 보면 두 개의 세계를 살아가는 모습을 엿볼 수 있다.

《도연초》는 출가한 겸호법사가 속세와 떨어져, 이른바 고독한 시점에서 세상 무상에 대해 쓴 글이다. 그러나 이 책에서는 외로움을 느낄 수 없다. 오히려 겸호법사는 속세에서 도망쳐 나와 달관한 것을 진심으로 기쁘게 여긴다. 마치 자신만 특별한 존재인 것처럼 생각하기도 한다. 그것은 《도연초》 75단에 적힌 글을 보면 잘 알 수 있다.

"한가해서 쓸쓸한 것을 고민하는 사람은 도대체 어떤 마음일까. 남에게 간섭받지 않고, 자기 혼자 있는 것이 가장 좋으련만. 세상사를 따르다 보면 내 마음은 외부 세계에 영향을 받아 흔들리기 쉽고, 사람과 사귀다 보면 남의 말을 의식한 나머지 내 마음을 잃게 된다. 사람에게 속고, 싸우고, 원망하고, 기뻐하면 마음은 어지럽게 된다. 분별력이 떨어지고, 이익과 손실에 대한 집착이 끊임없이 마음을 괴롭힐 것이다."

여기서 겸호법사는 자신이 실천하는 도연(徒然)하는 삶과 세간 사람들이 살아가는 세속적인 삶을 비교해 자신의 삶이 얼마나 좋은지를 강조한다. 도연하는 삶이 괴로움 없이 살아가는 삶이라고.

《도연초》를 비롯한 많은 고전들 덕에 일본에서는 예로부터 출가한 삶이 뜻깊은 삶으로 여겨져 왔다. 그렇기 때문에 같은 현세를 살아도 마음먹기에 따라서는 다른 세계를 살아갈 수 있다고 생각하게 된 것이다.

결국 고독한 인생을 보낼지 그렇게 하지 않을지는 마음먹기에 달려 있다는 이야기다.

조금 더 자세히 말하자면, 혼자라는 현실은 변함없지만 그것을 부정적으로 받아들일지 긍정적으로 받아들일지에 따라 그 의미가 180도 바뀐다는 뜻이다. 현실은 완전히 똑같지만 말이다.

철학을 통해 고독을 생각하다

두 종류의 시간을 오가다

긍정적인 고독은 고립과는 다른 것이다. 결코 속세를 떠나거나 초연하게 있을 필요 없다. 때로는 사람을 만나도 좋다. 본래 '만남'과 '고독'은 모순이 아니다.

친구가 많아 외롭지 않다고 말하는 사람이 있다. 그러나 이미 앞에서도 말했듯이 친구가 아무리 많아도 나를 이해해 주는 사람이 없으면 얼마든지 고독감에 빠질 수 있다. 이와 마찬가지로 친구와 재밌게 만나도, 설령 친구가 내 마음을 알아줘도 고독할 수 있다.

그런데 내가 지금 이야기하고 있는 고독은 부정적인 고독이 아니다. 긍정적인 고독이다. 긍정적인 고독이란 스스로 적극적으로 고독해지는 것이다. 조금 더 쉽게 말하면,

굳이 마음을 고립시켜서 자신에게 집중하는 상태다.

그런 상태는 영원히 지속되지도 않고, 어쩔 수 없이 빠져드는 그런 감정도 아니다. 스스로 컨트롤하여 일부러 그러한 상태를 만드는 것이다. 따라서 원할 때 원하는 만큼 고독해질 수 있다.

그런 의미에서 보면 긍정적인 고독은 '명상'에 가까울지도 모른다. 의식적으로 주변 세계를 차단해서 단절된 세계로 들어가는 것이기 때문이다. 무엇을 위해? 그렇게 하면 집중력이 생기고 마

음이 안정되기 때문이다.

사람들과 즐겁게 만나면서도 고독해지고 싶을 때 고독해진다면 상반된 두 상태를 양립시킬 수 있다.

그건 고독이 아니라고 말하는 사람도 있을 것이다. 왜 그럴까? 아마도 고독을 부정적인 이미지로만 생각하고 있기 때문일 것이다.

아쿠타가와상 수상 작가인 다나카 신야는 자신의 책《고독론》에서 이렇게 말했다.

"완전한 고독은 없다."

무수한 커뮤니티가 고리를 이루는 이 사회에서 우리가 완전히 고독해질 가능성은 없다는 뜻이다.

그러나 이것은 결코 부정적인 의미가 아니다.

다나카는 방 안에 틀어박혀 고독하게 보내는 시간과 방을 나와 어머니와 지내는 시간을 자유롭게 오갔다고 말했다. 이런 식으로 사람은 모두 두 종류의 시간을 끊임없이 오간다. 긍정적인 고독에 빠지면 이 두 종류의 시간을 하나로 받아들일 수 있다. 때로는 사람과 만나고, 때로는 굳이 고독을 선택하면서.

물론 고독해지기 위해서 의식적으로 주변을 차단하려고 해도 그 시간 역시 아무도 도와주지 않고, 아무도 이해해 주지 않을 것이다. 그 점에서는 외로운 상태다. 괴로운 상태라고도 말할 수 있다.

그러나 그것이 고독의 장점이기도 하다. '결국 나라는 존재는 이 세상에 단 한 명뿐이다'라는 것을 자각하고, '따라서 나 혼자 어떻게든 해야 한다'고 생각하자. 그 감각을 잊지 말아야 사람은 강해진다. 그리고 그 감각을 잊지 말아야 인생을 즐기는 사람이 될 수 있다.

고독과 철학은 친밀하다

철학은 소설보다 더 고독한 작업이다

본래 철학과 고독은 매우 친밀한 관계다. 이것은 내가 꼭 강조하고 싶은 부분이다. 왜냐하면 그것이 철학자인 내가 고독에 관한 책을 쓴 의미이기 때문이다.

고독에 관한 책은 작가 중에서도 특히 소설가가 많이 쓴다. 왜일까? 글을 쓴다는 것은 고독한 작업이기 때문이다. 결국 고독과 소설 집필도 매우 친밀한 관계라 할 수 있다.

나도 소설을 써본 경험이 있기 때문에 조금은 알 수 있지만, 내 머릿속으로 또 다른 세계를 만들어 낸다는 것은 나 자신과의 끊임없는 싸움이다. 누구도 도와주지 않는다. 픽션이기 때문에 존재하지 않는 것을 존재하는 것처럼 만들어야 한다.

당연한 말이지만, 그 세계는 나만 알 수 있다. 또한 형태가 없어서 공감해 주는 사람도 없다. 그리고 구축해 나가는 동안에는 나조차도 제대로 알지 못한다. 어떠한 세계가 있고, 거기에 어떠한 사람들이 살고 있고, 어떠한 일이 일어난다. 이 모든 것이 내 안에서 탄생하는 것이다.

물론 누군가에게 조언을 구하고 아이디어에 대해 논의할 수는 있지만, 결국 그것을 문장으로 써 나갈 때는 혼자 싸워야만 한다. 한 세계를 구축하고, 말을 이어 문장으로 만들어 내야만 한다. 하지만 그때는 누가 알아주지 않아도 자신의 마음을 언어로 표현하는 것만으로도 행복할 것이다.

나도 이런 마음으로 소설을 쓴 기억이 있다. 그래서 소설 집필과 고독이 매우 친밀하다는 것도 잘 알고 있다.

그런데 철학의 경우는 이 이상으로 고독과 친밀하다고 할 수 있다. 우선 새로운 세계를 만들어 낸다는 것이 소설과 비슷하다. 본질을 꿰뚫고 그것을 새로운 언어로 다시 표현하는 작업이기 때문이다. 철학은 그에 더해 상식이나 기존의 생각을 의심하는 것을 숙명으로 한다. 이런 점에서 철학은 고독한 길이 될 수밖에 없다.

철학의 아버지인 고대 그리스의 소크라테스가 사형으로 죽음을 맞이한 것은 그런 철학의 운명을 상징하는 것일지도 모른다. 철학은 그 누구의 이해가 없어도 해야만 하는 작업이다. 그렇지 않으면 철학이 되지 않는다.

일본 사회는 특히나 더 그렇다. 사람들과 다른 것을 말하는 순간 사면초가에 빠진다. "맞아, 맞아. 그럴 거야."라고 말하는 동안에는 평화가 유지되지만, 한마디라도 "아니." "그런데…"라고 하면 '이상한 녀석'이라는 딱지가 붙는다. 다른 생각을 제기하고 주장하는 학문인 철학이 일본 사회에 널리 퍼지지 못한 이유는 그때문일 것이다.

그러나 누군가는 그 일을 해야만 한다는 것을 우리는 어렴풋이나마 느끼고 있다. 그 덕에 철학도 어떻게든 목숨을 유지하고 있는 것이다. 고독한 작업이지만 굳이 그것을 하려고 하는 기특한 사람들이 있으니 그들에게 맡겨 두자 하면서.

철학이 소설보다 더 고독한 이유는 언어로 만들 수 있을지 없을지 알 수 없기 때문이다.

소설의 경우 문장으로 만들어 나가는 것을 대전제로 한다. 그런데 그것이 제대로 된 이야기가 될지, 사람들에게 공감을 줄 수 있을지 하는 점에서 고독한 작업임에는 틀림없다. 하지만 철학의 경우는 언어로 표현할 수 있을지 없을지조차 모른다. 만약 언어로 표현할 수 있다면 성공한 것이다. 그러나 대부분은 머릿속에서 외로운 사투만 벌일 뿐 언어로 결실을 맺지 못한다. 역사에 이름을 남긴 철학자나 철학 연구가들은 아주 드문 예다.

나는 여기서 직업 철학자의 이야기만 하는 것이 아니다. 그들은 철학을 직업으로 삼고 있어서 비교적 말로 표현을 잘한다. 개중에는 철학한 결과라고 생각되지 않을 만큼, 단지 분석한 결과를 철학이라는 말로 대신하는 사람도 있다. 그러나 진짜 철학은 고민을 꿰뚫는 과정이고, 또 그 결과를 말로 하는 작업이다. 그런 의미에서 보면 철학은 누구나 할 수 있고, 이미 하고 있다. 그런데도 많은 사람들이 그 결과를 말로 표현하지 못한다. 모두 자신의 머릿속에서 몸부림치며 싸우고 있을 뿐이다.

철학과 고독이 서로 친하다는 것은 그런 의미에서다.

고독한 철학이 고독을 바꾼다

하지만 철학을 하지 않는 편이 좋다는 것은 아니다. 오히려 그 반대다. 철학을 하면 고독한 시간의 질이 달라지기 때문이다. 철학을 하면 고독해지는 것은 틀림없는 사실이지만, 동시에 그것은 고독이라는 것의 질을 높여 준다.

혼자 시간을 보내는 방법은 많이 있다. 그중에서도 철학만큼 의미 있는 방법은 없을 것이다. 한마디로 말해, 철학은 가장 순수하게 나와 마주하는 시간이기 때문이다.

혼자 있는 시간의 가치는 나와 마주할 수 있다는 점에 있다. 다른 누군가와 함께 있으면 마음이 흩어져 나 자신과 마주할 수 없다.

모두 경험한 적이 있겠지만, 사람들과 즐겁게 어울린 후 혼자가 되면 갑자기 기분이 가라앉을 때가 있다. 진짜 나로 되돌아오는 감각에 사로잡히는 사람도 있을 것이다. 그러고는 이런 생각이 든다. "나는 정말 외로운 사람이야." "시간을 헛되이 쓰고 말았어." 그럴 때는 몸도 마음도 지쳐 있기 때문에 천천히 자신과 마주할 수 없다. 꽤 취해 있을 때도 있을 테고 말이다.

그런 점에서 철학이라는 고독한 작업은 철저하게 자신과 마주하는 시간을 내어 준다. 내 생각을 내 말로 표현할 수 있다. 그것

은 철학의 대상이 무엇이든 간에 나와 마주하는 귀중한 시간이
된다.

재미있는 것은 철저하게 고독한 그 과정이 고독의 의미조차 바
꿔 준다는 점이다.

실제로 해보면 알겠지만, 고독하게 철학하면 할수록 나와 마주
하는 가치를 알게 되고, 고독을 긍정적으로 받아들일 수 있게 된
다. 철학에 빠진 사람은 그 영역을 경험한 사람이다. 바로 내가 그
랬던 것처럼.

**철학을 하면 내 안에서 고독의 의미가 바뀐다. 부정적인 고독
에서 긍정적인 고독으로.**

고독이라는 것은 결코 하나의 개념만 있는 것이 아니다. 인간
의 감정인 이상 복잡한 것이 당연하다.

다음 장에서는 내가 추천하는 긍정적인 고독이 어떤 좋은 점이
있는지, 그 효용에 대해 이야기할 것이다.

좋은 이유
고독이

3

나에게 집중할 수 있다

사람들과 어울릴 때 진짜 나는 없다

내가 긍정적인 고독에 대해 설명할 때마다 이렇게 말하는 사람들이 있다.

"사람들과 어울리는 게 당연히 더 좋은 것 아닌가."

"그건 친구가 없는 사람들의 변명이지."

정말 그럴까?

사람들과 어울리다 보면 분명 즐거울 때도 있다. 그것은 솔직히 인정한다. 그래서 나도 술자리에 나가고 노래방에 가기도 하는 것이다. 그러나 그것은 기분전환에 불과하다. 결코 그 시간이 주가 돼서는 안 된다.

사람들과 웃고 떠들며 어울리는 것은 내 할 일을 다 마치고 지쳤을 때 거기서 나를 해방시키기 위한 행동일 뿐이다. 무언가 일에 집중할 때는 긴장할 수밖에 없다. 그 긴장감에서 나를 해방시키기 위해 사람들을 만나는 것이다.

그때는 나에게 집중하는 것이 아니다. 그렇다고 다른 사람에게 집중하는 것도 아니다. 굳이 말하자면 환경에 동화되는 것이다.

누군가를 만나고 대화하는 것은 결국 그런 것 아닐까? 나를 상대화한다고 말해도 좋을 것이다. 어쨌든 자신에게 집중하는 것과는 정반대 상태이다.

철학적 대화의 보급에 힘쓴 철학자 고노 데쓰야가 자극적인 제목의 책을 냈다.《사람은 계속 말할 때 생각하지 않는다》.

맞는 말이다. 나도 그렇지만, 말을 많이 할 때는 과거에 한 생각과 그때그때 나오는 말을 거리낌 없이 이어 나가는 경우가 많다. 나중에 내 발언을 생각하면 간담이 서늘해지고는 한다. 그리고 그제야 곰곰이 생각한다. 내 얘기가 잘 전해졌을까, 나는 무슨 말을 하고 싶었던 걸까. 그래서 혼자만의 시간이 필요한 것이다.

사람들과 어울리고 시끄럽게 떠들 때, 거기에 진짜 나는 없다. 그때의 나는 그 무리 중 한 명일 뿐이다.

보이지 않던 것이 보인다

2장에서 소개한 모로토미 요시히코는 "혼자만의 시간이 없으면 사람은 중심을 잃게 된다."라고 주장했다. 그리고 덴마크의 철학자 키르케고르는 "자기(自己)란 주변과 관계 속에서 끊임없이 자신을 재검토하는 것으로 생성해 가는 개념이다."라고 말했다.

나도 그렇게 생각한다. 키르케고르는 실존주의 철학자로서 '인생은 스스로 개척해 나가는 것'이라고 주장한 인물이다. 출생의 비밀에 괴로워하고, 형제들이 이른 나이에 죽고, 애인에게 파혼당하는 등 그의 인생은 괴로움의 연속이었다. 키르케고르 또한 주변과의 관계에 괴로워하면서도 그래도 어떻게든 살아가려고 사색을 거듭했다. 운명에 농락당하면서, 그래도 시행착오를 반복하며 살아간 인간이다.

그런데 그렇게 하기 위해서는 내가 지금 어떤 상태인지 또는 어떻게 살아야 하는지를 항상 생각할 필요가 있다. 그러지 않으면 운명과 주변에 잡아먹히고, 나를 잃게 된다.

여기서 고독이 도움의 손길을 내어 준다. 나와 마주하는 시간이다.

아니, 시간만이 아니다. 장소도 필요하고, 무엇보다 그러한 정신 상태가 되어야만 한다. 혼자 있어도 마음에 집중하지 못하면 무의미하다.

자신에게 집중할 수 있으면 인생은 180도 달라진다고 해도 과언이 아니다. 다양한 것이 보인다. 앞만 보고 달릴 때는 보이지 않던 것, 사람들 속에 묻혀 있을 때는 보이지 않던 것이.

나를 바라보는 것을 철학 용어로는 '반성'이라고 한다. 실패해서 반성하는 그런 뜻의 반성보다는 조금 의미가 넓다. 영어로는 리플렉션(reflection)인데, 이편이 더 이해하기 쉬울 것이다. '반사'라고 번역되는 언어다. 즉 내 마음에 반사시켜 사물의 의미를 생각한다는 것이다.

그렇게 하지 않으면 사물은 나의 마음을 통과해, 누군가가 말한 대로 그것을 받아들이게 된다. 즉 뜻도 모르면서 그대로 받아들이는 것이다.

나에게 집중하는 것이 얼마나 중요한지 이제 알았을 것이다.

고독이 좋은 이유

본질이 보인다

만만한 먹잇감이 되지 않기 위해

그런데 그렇게 니에게 집중히면 무엇이 보일까? 우선 사물의
본질이 보일 것이다. 세상의 본질이라고 바꿔 말해도 좋다.

유감스럽지만 사물의 본질은 항상 가려져 있다. 우리가 보는
것은 표면적인 것이고, 굳이 말하자면 사물의 허울에 지나지 않
는다.

왜 사물은 허울로 꾸며져 있는 것일까? 그것은 인간이 욕망의
산물이기 때문이다. 욕망에 눈이 멀면 사물을 제대로 보지 못한
다. 사람들은 그런 인간의 성질을 이용해 사물을 허울로 감싸 제
시한다.

판매가 그러하다. 화려한 겉모습이나 광고문구로 장식된 상품
을, 설령 불필요한 것이라도 산 적이 있을 것이다. 그것은 본질을

보지 못했다는 증거다.

정보도 마찬가지다. 평소 우리는 시간에 쫓기며 살아간다. 너무 바쁜 나머지 신문조차 제대로 읽지 않는 젊은 세대가 늘어나고 있다. 그들은 인터넷 사이트에서 제목만 본다. 그것이 가짜 뉴스를 양성하고 있는 것이다.

조금 나쁘게 말하면, 세상은 사람을 속이려는 놈들로 넘쳐난다. 자칫하면 손해를 볼 수밖에 없다는 이야기다. 누구든 무언가를 얻으려고 하고, 이익을 내려고 한다. 그것은 자본주의의 메커니즘이다. 스스로 부지런히 정보를 얻고 똑바로 판단하려 노력하지 않으면 자본주의의 먹잇감이 되기 쉽다.

반대로 세상의 본질이 보이면 내가 무언가를 얻을 수도 있다. 돈을 벌기 위해서는 인맥도 필요하지만, 반드시 혼자서 세상의 움직임을 골똘히 바라보는 시간을 가져야 한다. 투자가들을 보라. 물론 그들에게도 정보교환을 위한 네트워크가 있지만, 그 정보는 참고만 할 뿐이다. 그들은 '결국 무엇이 정답인지' 천천히 생각하는 시간을 중요하게 여긴다.

부자가 되고 싶다면 시간에 쫓겨서는 안 된다. 오히려 시간을 붙잡아 가두어야 한다. 내 안에 말이다. 고독한 시간을 갖는다는 것은 그런 것이다.

우리에겐 생각할 시간이 필요하다

우리는 어떤 상황에서 시간에 쫓길까? 해야 할 일이 잔뜩 쌓여 있을 때, 그리고 누가 찾아와 돌아가지 않을 때……. 즉 시간에 쫓긴다는 것은 누군가, 무언가에 시간을 빼앗긴 상황이라 할 수 있다. 인간은 무엇을 하든 생각할 시간이 필요하기 때문에 누군가에게 시간을 빼앗기고 있다면 어떤 일도 제대로 할 수 없다.

철학자들은 자주 '시간'을 주제로 이야기한다. 깊이 생각하고 있을 때 누군가가 방해하는 것을 걱정하기 때문이다. 이를테면 프랑스의 철학자 베르그송의 시간론이 있다. 그는 생각하는 나와 시간은 하나라고 주장한다. '순수지속(純粹持續)'이란 개념이 바로 그것이다.

순수지속은 인간의 외부가 아니라 내부에서 일어나고, 직관된다. 이른바 마음속의 시간인 것이다. 따라서 이것은 둘로 나눌 수 없다. 다르게 말하면, 시간의 순간순간은 각각 별개이지만, 사실은 내 안에서 그것들이 하나로 연결되어 일부가 전체를 비추는 형태로 존재한다는 뜻이다. 무언가에 집중할 때는 시간을 잊는 경우가 많다. 이것이 바로 베르그송이 말하는 순수지속이다.

나는 긍정적인 고독을 논하는 것은 고독한 시간에 대해 논하는 것이라 생각한다. 바로 이러한 이유에서다.

내 시간이 없는 것은 내가 생각할 시간이 없는 것이고, 나아

가서는 나답게 살 수 없다는 것을 의미한다.

그러면 무언가에 성공하고 싶어도 성공할 수 없고, 돈을 벌고 싶어도 벌지 못한다. 아니, 성공과 부자만이 세상의 본질을 파고 드는 목적은 아닐 것이다. 가장 가치 있는 이득은 바로 즐거운 시간을 보낼 수 있다는 것이다.

인생은 선택의 연속이다. 세상의 본질을 파고들 수 있으면 항상 자신에게 유리한 선택을 할 수 있다. 그것이 불가능하니까 우리는 매일 괴롭고 고달픈 것이다.

삶의 방식이 보인다

고독과 개인주의

사물의 본질이 보이면 그 연장선상으로 삶의 방식이 보이게 된다. 즉 '어떻게 살 것인가'가 보인다.

일상을 잘 보내기 위해서는 자신에게 집중하는 시간이 필요하다는 것을 이제 알았을 것이다. 그래서 누구나 고독한 시간을 가져야 한다.

조금 과장된 말일지도 모르지만, 고독한 시간이 늘어나면 일본의 문화도 크게 바뀔 것이다. 지금처럼 모두가 같아야 한다는 획일화된 문화는 사라지고 진짜 개인주의가 확립될 것이다.

내가 이렇게 말하면 "미국과 같은 개인주의 사회가 이상적이라는 뜻인가?"라고 생각할지도 모른다. 그러나 거기에는 두 가지 오해가 있다.

첫째는, 미국은 진짜 개인주의 나라가 아니라는 점이다. 지금 미국에서 개인주의라고 불리는 것은 이기주의에 가깝다. 모두 자신의 이득만 생각하기 때문이다. 그것이 현실이다.

이것은 내가 1년 동안 미국에 살면서 가장 절실히 느낀 사실이다. 나는 2011년에 해외 연구 제도에 발탁되면서 1년간 미국에서 연구할 기회를 얻었다. 당시 미국에서는 나의 주 전공인 정치철학 분야에 붐이 일고 있었다. 그러나 나는 연구를 통해 얻은 것보다 실생활 속에서 미국인의 철학을 많이 배웠다.

이를테면 허리케인으로 정전이 되어도 자신의 집에만 불이 들어온다면 옆집 따위는 아무래도 상관없었다. 덕분에 나는 호텔로 피난을 가야 했다. 악의가 있는 것은 아니지만 '나 먼저 주의'로, 미국인은 돈을 지불하지 않으면 기본적으로 남을 도와주지 않는다.

이와는 다르게 내가 말하는 진짜 개인주의는 나뿐 아니라 타인도 배려하는, 그러나 타인에게 휘둘리지 않고 스스로 판단하는 신념이다.

또 하나는, 앞의 이야기와 연관된 것이지만, 진짜 개인주의는 열린 공동체주의라는 점이다.

일본이 공동체를 중시하는 나라라는 것은 명백한 사실이다. 게다가 공동체에는 장점도 있다. 서로 돕는다거나, 하나가 된다거나. 그러나 그 이면에는 치명적인 단점이 있어 국가와 개인의 발목을 잡는다.

20세기를 대표하는 평론가 가토 슈이치는 《혼자서도 좋다》에서 이렇게 말했다.

"나는 개인주의를 주장하는 것으로 유명하지만, 개인주의를 내포하지 않은 민주주의는 집단주의 또는 획일주의에 빠지기 쉽다. 따라서 지식인의 역할은 개인주의다."

그 예로 전쟁 중에 고독하게 이성을 지킨 사람들이 있다. 가토 슈이치가 말한 개인주의자가 너무 적었기 때문에 전쟁이 줄줄이 터진 것이다.

아니, 지금도 마찬가지다. 과로사할 때까지 일하는 것은 공동체주의의 단점이라 할 수 있다. 따라서 공동체를 열어 둘 필요가 있는 것이다.

그러기 위해서는 이상한 것은 이상하다고 지적할 수 있는 환경을 만들어 개인의 자유의사를 받아들여야 한다. 이것이 가능한 공동체가 열린 공동체이고, 개인에게 집중하는 진짜 개인주의다.

나다운 삶을 선택할 수 있다

진짜 개인주의가 확립된 사회에서는 나다운 삶을 자유롭게 선택할 수 있다. 모두와 똑같은 진로를 선택하고 일제히 대기업에 이력서를 내는 일은 없어질 것이다. 그 후에도, 정년까지 같은 회사를 다니다 은퇴 후 여생을 보내는 일은 사라질 것이다.

불행인지 다행인지 모르지만, 일본 사회도 점차 성숙되고 사회구조도 조금씩 바뀌고 있다. 종신고용은 점점 사라지고 고용의 유동화가 진행되고 있다. 취직도 연중채용에 지원할 수 있고 전직도 당연해졌다. 이제 모두 똑같을 필요가 사라졌다. 반대로 말하면,

개개인이 조금 더 나다움을 발휘하지 않으면 일도 계속할 수 없는 시대가 되었다는 뜻이다.

이러한 시대에는 개성이 더욱더 중시된다.

그렇다면 개성은 어떻게 키워야 할까? 우선 자기분석을 철저히 한 후에 자신의 특성을 살려서 다른 사람과 차별을 두는 방법밖에 없다. 따라서 시간이 필요한 것이다. 나와 마주할 시간이.

과거에는 취직 직전이나 대학 졸업 직전에만 '어떻게 살 것인가'에 대해 생각했다. 은퇴 후에 제2의 인생을 생각해도 대부분 문제가 생기지 않았다. 퇴직금도 있고, 연금도 있고, 게다가 별다

른 큰 기대도 없었기 때문이다. 그러나 앞으로는 그런 태평한 생각으로는 세상을 살아가기 힘들다. 젊었을 때부터 끊임없이 어떻게 살 것인지 생각해야 한다.

그렇다면 의미 없이 사람들과 어울리는 시간이 당연히 아깝지 않을까?

해야 할 일이 보인다

이상과 현실

어떻게 살 것인지를 정하면 그 인생 안에서 해야 할 일이 보일 것이다. 이것은 인생의 미션 같은 것이다. 인생의 목표라고 말해도 좋다. 즉 인생을 충실하게 보내기 위한 미션 혹은 목표다.

커다란 목표가 없는 인생은 하찮은 인생이라고 말하는 것이 아니다. 오히려 그런 생각 자체가 하찮은 발상이다. "소년이여, 야망을 가져라." 이것은 소년에게만 해당하는 말로, 그 외의 사람에게는 해당하지 않는다. 특히 어른에게는. 어른이 어른인 까닭은 인생 경험이 풍부하기 때문이다.

처음에는 모두 야망을 품었을 것이다. 그러나 현실은 그렇게 너그럽지 않다. 그래서 대부분은 야망을 버리고 그저 하루를 열심히 사는 방향으로 생각을 옮겼을 것이다. 당연한 일이다. 그것을 한심하다거나 시시하다고 하는 것은 옳지 않다.

인생이라는 것은 이상과 현실이 포개진 밀푀유 같은 공간이다. 따라서 이상을 좇을 때도 있지만, 현실 속에서 조용히 살아갈 때도 있어야 한다. 여러분의 인생도 그렇지 않은가? 이상을 좇아야 할 때는 이상을 좇고, 현실을 살아야 할 때는 현실을 산다.

가장 하지 말아야 할 행동은 현실을 살아가야 할 때 이상을 좇는 것이다. 그것은 자신을 괴롭히는 결과가 되기 때문이다. 이상을 좇으려는 마음은 충분히 이해하지만 결코 현명한 선택은 아니다.

이를테면 저 멀리 있는 것은 아무리 손을 뻗어도 잡을 수 없다. 그러나 언젠가 손에 닿는 곳에 올 때도 있다. 그때 손을 뻗어 잡으면 된다.

사실 이것은 고대 그리스의 철학자 에픽테토스가 한 말이기도 하다. 그의 어록 중에 "멀리 있는 욕구를 던져 버려라. 아니, 가까이 올 때까지 기다려라."라는 말이 있다.

고대 그리스의 연회장에서는 커다란 접시에 놓인 요리가 순번대로 돌아왔다. 원탁에 둘러앉아 중화요리를 먹는 모습을 상상하면 이해하기 쉬울 것이다. 아무리 맛있는 요리라도 내 앞에 오지 않으면 먹을 수 없다. 그렇다면 그 요리를 먹기 위해 안달복달하는 것보다 요리가 눈앞에 왔을 때 바로 집어 먹는 것이 좋을 것이다.

에픽테토스는 노예 출신 철학자로도 유명하다. 노예라는 것은 아무리 노력해도 벗어날 수 없는 신분이다. 이런 까닭에 에픽테토스는 그러한 사상에 이른 것일지도 모른다.

그러나 그는 결코 행복을 좇지 말라거나 불행해지라고 말하는 것이 아니다. 오히려 그 반대로 이상을 억지로 좇지 않으면 행복해진다는 발상이다. 에픽테토스는 그러기 위해 내 차례가 아닌 것은 가볍게 넘기라고 했다. 그러면 마음이 가벼워진다고. 여기서 말하는 '내 차례가 아닌 것'은 이른바 '내가 컨트롤할 수 없는 것'이다. 앞에서 말한 손에 닿지 않는 요리처럼.

사실 인생의 대부분의 것이 손에 닿지 않는 요리는 아닐까? 그런데도 우리는 닿을 수 있다는 착각에 쓸데없이 손을 뻗으며 괴로워한다. 어째서 닿지 않는가 하면서.

타이밍을 놓치지 않기 위해

결국 중요한 것은 내가 해야 할 일을 그때그때마다 잘 파악하는 것이다.

현실을 살아가야 할 때는 이상을 좇지 않는 것이 현명한 선택이라고 말했지만, 반대로 이상을 좇아야 할 때는 현실을 버리는 것이 현명한 선택이다. 모든 일에는 타이밍이 있다.

그런 의미에서 보더라도 자신과 마주하며 타이밍을 알아차릴 필요가 있다. 그렇게 하지 않으면 개인뿐 아니라 사회 전체에도 큰 손실이다. 왜냐하면 고독을 받아들이는 것은 이 세상 전체를 받아들이는 것이기도 하기 때문이다.

예술가 오카모토 다로는 《내 안에 고독을 품다》에서 고독에 대해 이런 말을 남겼다.

"인간은 고독해지면 고독해질수록 인간 전체의 운명을 생각하고, 인간의 운명을 생각한 끝에 고독해진다."

이를테면 진짜 세상을 좋게 만들고 싶을 때는 사랑하는 사람과 헤어져 고독해질 필요가 있을 것이다. 그러지 않으면 상대방을 곤란하게 만들 수도 있기 때문이다. 극단적인 예이지만 만약 내가 독재권력과 투쟁하는 혁명가라고 가정해 보자. 그 경우 세상을 위해 굳이 위험한 행동을 해야 하므로 고독해지지 않으면 주변에 피해가 갈 수도 있다.

내가 회사를 그만두고 사회를 바꾸고 싶다고 결심했을 때는 이런 마음이 부족했을지도 모른다. 이른바 고독해질 각오가 없었던 것이다. 그래서 결국 나는 세상을 바꾸지 못했다.

역사상 많은 혁명가들은 그런 슬픔도 용기 있게 선택했다. 오카모토 다로도 그랬을 것이다. 그 또한 홀로 예술과 싸우는 인생을 보냈다. 파리에서 보낸 십 수년을 포함해 항상 고독하게 세상을 살아갔다.

만약 세상을 바꿀 가능성이 있어도 그 사람이 타이밍을 놓쳐버리면 세상은 바뀌지 않을 것이다. 그런 타이밍을 놓치지 않도록 사람은 항상 고독한 시간을 가져야 한다. 비록 짧은 시간이라도.

개인적으로는 그날 하루를 즐겁게 사는 것이 가장 좋은 것이다. 나는 그것을 '오늘 하루 즐겁게 주의'라 이름 붙이고, 100세 시대의 바람직한 삶으로 장려하고 있다.

고도로 발전된 사회에서 정치적 혁명이 일어날 일은 거의 없다. 오히려 평화로운 장수 시대를 개인이 얼마나 충실하게 보낼지가 중요하다. 그러나 그조차 보이지 않아 방황하는 삶이 얼마나 많은가. 그것은 자신에게 집중하는 시간을 갖지 않았기 때문이다.

고독이 좋은 이유

행복해진다

행복이란 충만한 마음

고독은 사람을 행복하게 한다.

내가 이렇게 말하면 놀라는 사람도 있을 테지만, 지금까지의 이야기를 한번 곱씹어 보자. 그러면 긍정적인 고독이 행복을 가져온다는 것을 수긍할 수 있을 것이다.

나는 처음에 쇼펜하우어의 《고독과 인생》에 나오는 한 구절을 소개했다. 이 책은 '행복론'이라는 제목으로 번역되기도 했다. 즉 쇼펜하우어처럼 '조용하고, 남에게 현혹되지 않는 삶'을 바라는 사람에게 고독은 행복을 가져다준다는 것이다.

확실히 쇼펜하우어는 평생 독신으로 지냈다. 물리적으로 혼자 살아가는 것이 불행이라는 생각은 편견이다. 가족과 함께 있어도 지옥을 맛보는 사람은 얼마든지 있다. 결혼해 가정을 꾸리는 것이 행복이라는 발상은 사회가 만든 잣대다. 실제로 독신생활을 즐기는 사람은 많이 있고, 가족이 있는 사람이 반대로 그것을 부러워하기도 한다.

저출산, 만혼 등의 말은 '출산을 늘리겠다'는 국가의 시선에서 나온 표현이라는 것을 깨달아야 한다. 이렇게 기존의 믿음에서 벗어나고 나면 '독신=불행'이라는 공식은 성립되지 않는다.

물론 그렇다고 해서 '독신=행복'이라고 말할 수도 없다. 행복한 가족과 커플도 얼마든지 많다. 중요한 것은 몇 사람이 있느냐가 아니다. 행복에 있어서 중요한 것은 충만한 마음이다.

세상에 나와 있는 무수한 행복론이 말하고 있는 것은 기본적으로 같다.

고대 그리스의 행복관인 '에우다이모니아'는 순수하고 관조적인 생활을 지향했다. 즉 마음을 안정시키고 깊이 생각하는 것이다.

그 후 헬레니즘 시대에는 에피쿠로스 학파가 '아타락시아'를, 스토아 학파가 '아파테이아'를 주장했는데, 이들은 모두 마음의 평화를 의미한다. 다만 그것을 표현하는 방법이 다를 뿐이다. 전자는 쾌락을 중시한 반면에 후자는 금욕을 중시했지만, 이들이 요구하는 마음 상태는 같다. 쾌락조차도, 끝없는 쾌락은 불만을 초래할 뿐이다.

근대 행복론과 현대 행복론도 충만한 마음을 주장한다. '3대 행복론'으로 불리는 알랭과 러셀 그리고 힐티의 행복론도 마찬가지다. 물론 각각의 특징은 있지만.

일본 철학에서는 충만한 마음이 행복을 가져온다는 생각이 더욱더 분명해진다. 선 사상이 대표적이라 할 수 있다. 명상은 그러한 경지에 오르는 것을 목표로 한다.

마음의 안정과 충만감이 행복의 조건이라면, 우리는 긍정적인 고독에 의해 그것을 얻을 수 있다.

아니, 고독해져야만 진짜 마음의 안정을 찾을 수 있다.

왜냐하면 다른 사람이 가져다주는 충만감은 마음을 안정시켜주지 못하기 때문이다.

사랑하는 사람과 같이 있으면 마음이 안정된다고 말하는 사람이 있지만, 오히려 가슴이 두근거릴 때도 있다. 가족이 있어 마음이 안정될 때조차, 그것은 엄밀하게 말하면 자신의 마음은 누군가와 함께 있는 것이다. 즉 남을 의식하느라 자신에게 집중하지 못하는 것이다. 이것은 진정한 의미에서 마음의 안정이 아니다.

따라서 진짜 행복해지기 위해서는 고독해질 필요가 있다. 이를테면 아주 짧은 시간이라도, 거기서 느끼는 행복을 지속시키면 된다.

오히려 멋있다

고독한 하드보일드

지금까지 고독이 지닌 강한 힘에 대해 이야기했다. 그것은 고독의 부정적인 이미지에서 벗어나 긍정적인 이미지로 바라보는 시각이다.

고독은 볼품없다, 고독은 외롭다는 인상을 지워 버려야 한다. 왜냐하면 고독은 절대 그렇지 않기 때문이다.

나는 혼자 있을 때 쓸쓸해 보인다거나 외로워 보인다는 주변의 말을 전혀 신경 쓰지 않는다. 그러나 젊은 사람들은 종종 그런 편견에 사로잡혀 혼자만의 시간을 충실하게 보내지 못하는 것 같다. 그 귀중한 시간을 허비하는 것은 정말 안타까운 일이다. 그러니 '고독은 멋있다'라는 이미지를 만드는 것도 좋을 듯싶다.

다행히도 세상에는 '고독이란 멋있는 것'이라는 인상을 주는 캐릭터나 언어표현이 드물게 존재한다. 이를테면 '하드보일드'가 그러하다. 원래 하드보일드는 '달걀을 완숙하다'라는 뜻을 지니고 있지만, 흔들리지 않는 강인한 캐릭터를 나타내는 말로 사용될 때도 있다. 특히 소설이나 영화의 주인공을 두고서는 그런 의미로 사용되는 경우가 많다.

내가 생각하는 하드보일드의 전형은 미야자키 하야오 감독의 작품 《붉은 돼지》의 주인공인 마르코다. 마르코는 돼지임에도 불구하고 차분하고 멋있다. 감정에 흔들리지 않고, 게다가 강인한 성격을 지닌 인물이다. 마르코는 원래 인간이었지만 마법으로 돼지의 모습을 하고 있다.

내가 돼지 모습을 한 마르코에게 흥미를 느낀 이유는 하드보일드한 멋진 성격 때문이다. 하드보일드가 멋져 보이는 것은 고독하기 때문이다. 마르코는 철저히 혼자 지내며 그 누구에게도 친절하지 않고 아무도 사랑하지 않는 태도를 일관한다. 그래서 필연적으로 고독해진 것이지만, 사람들은 그 모습에 매료되는 것이다.

마르코 자신만 마음을 허락한다면 주위에 사람들은 충분히 모여들 것이다. 그러나 그는 굳이 그렇게 하지 않는다. 적극적으로 고독한 길을 선택한 그의 태도에 사람들은 매력을 느낀다. 자신은 절대 그렇게 하지 못한다는 생각에.

고독은 어려운 선택이기에 멋이 있다. 만약 다 같이 술을 마시러 간다고 하는데 "오늘은 해야 할 일이 있어서."라고 말하며 거절하는 사람이 있다면 멋있게 보이지 않겠는가? 보통은 유혹을 이기지 못하니까 말이다. 또는 외로움에 무작정 따라가는 사람도 있을 것이다. 하드보일드는 보통과 다르기 때문에 멋있는 것이다.

늠름하게 살아간다는 것

고독이 멋있다는 느낌을 주는 언어표현도 있다.

내가 좋아하는 말 중에 '늠름하다'라는 말이 있다. 이것은 고독을 상기시키는 이미지인 동시에, 참으로 아름답고 씩씩한 표현이 아닐 수 없다.

'늠(凜)'은 심한 추위로 몸이 굳어 버렸다는 의미의 한자인데, 거기서 나온 '늠름(凜凜)'은 몸이 굳어질 만큼 당당하고 씩씩한 태도를 가리키는 말이 되었다.

따라서 늠름하다는 말은 결코 나쁜 이미지가 아니다. 오히려 여성을 형용할 때는 아름다움조차 내포한다.

나는 이 말이 긍정저인 고독을 형용하는 아주 멋진 말이라고 생각한다.

이주인 시즈카의 책《혼자서 살아가다》를 읽고 무릎을 탁 친 적이 있다.

"나는 주변 사람을 보고 '저 사람은 살아가는 모습이 참 멋있다', '나도 저렇게 살고 싶다'라고 느낀 적이 있다. 그들에게서 혼자 살아가는 늠름한 모습이 보였기 때문이다."

즉 혼자 살아간다, 고독하게 살아간다는 것은 늠름하게 살아간다는 것과 같다.

누가 뭐라고 말하든, 세상이 뭐라고 하든, 나답게 살아가는 모습이다. 그것은 강력하고, 아름다운 삶의 방식이다.

요즘 말로 하면 '쿨한 모습'일지도 모른다. 하지만 이 표현은 조금 가볍게 느껴진다.

세상에는 그늘진 사람들이 있다. 멋있지만 어딘지 그늘져 있다. 그러나 그 모습은 왠지 매력적이다. 그런 사람은 홀로 있다. 그래서 멋있는 것이지만.

그런 쿨함이 있는 것이다.

다크 히어로는 고독하기 때문에 강인하다

왜 요즘에는 다크 히어로가 주인공만큼 인기가 있을까?

문학에서 찾아보면 돈키호테, 조금 더 가까운 시대에는 내가 어렸을 때 즐겨 봤던 〈기동전사 건담〉에서 '붉은 혜성'이라 불린 샤아 아즈나블, 그리고 세계적으로 인기 있는 〈스타 워즈〉의 다스 베이더 등이 있다. 그들은 모두 그늘진 다크 히어로들이다.

다크 히어로는 '다크'라는 말이 붙은 만큼 모두 어두운 과거가 있고, 마음에 그늘이 있다. 그들은 어딘지 모르게 고독하다. 그러나 그 고독한 부분 덕분에 강력한 힘을 얻어 성공한다.

우리는 히어로의 밝은 면에만 눈이 가기 쉽지만, 세상은 결코 빛만으로 완성되지 않는다. 어둠이 있기 때문에 빛이 있는 것이다. 이 둘은 결국 하나라고 말해도 과언이 아니다. 밤이 있기 때문에 낮이 있다. 그것이 바로 음양사상이다.

즐겁게 떠들며 사는 것만이 좋은 인생은 아니다. 반대로 외롭지만 늠름한 인생 또한 아름다운 인생 아닐까?

바로, 고독한 시간이다. 다만 생동감이 있는 고독한 시간이다.

천재가 될 수 있다!?

스스로 생각하는 시간의 힘

마지막으로 한 가지만 더 이야기하겠다. 고독이 천재를 길러
낸다는 이야기다. 어쩌면 이 말은 조금 수상하게 들릴지도 모르
겠다. 그러나 이 또한 사실이다.

'아이는 친구들과 사이 좋게 지내는 것이 좋다'고 선생님이나
부모님들은 생각한다. 확실히 그렇다. 그러나 천재가 되기 위해
서는 굳이 고독해지는 것도 필요하다.

《천재를 낳는 고독한 청소년기》의 저자 구마카이 다카유키는
레오나르도 다 빈치부터 스티브 잡스까지, 역사상 천재라고 불리
는 사람들은 대부분 고독한 청소년기를 보냈다고 말했다. 어떻게
고독이 천재성을 길러 준 것일까? 고독을 통해 자기 안에 '또 하
나의 나'를 만들고, 그런 나와 마주했기 때문이다.

천재는 자신과 마주하면서 생각을 확립시킨다. 보통 사람과 달리, 타인에게 의지하지 않고 해결방법을 찾아낸다.

물론 고독만이 천재성을 길러 내는 것은 아니다. 높은 인지력과 사고력이 필요함은 두말할 것 없다. 그러나 고독이 영향을 미친다는 점에는 주목할 필요가 있다.

"천재는 고독하다."

이렇게 말하면 이해하기 쉬울 것이다.

천재 중에는 아무래도 이해할 수 없는, 이상한 생각을 하는 사람들도 많이 있다. 그들의 생각은 조금 유별나게 보이기도 한다. 그러나 아무도 공감해 주지 않을 때 천재는 그 상황을 어떻게 받아들일까? 보통은 공감을 얻지 못하면 괴로워하지만, 천재는 그렇게 생각하지 않는다. 오히려 자신의 훌륭한 생각을 이해하지 못하는 것에 우월감을 느낀다.

나의 경우는 천재가 아니어서 모르겠지만, 남과 다른 생각을 했을 때나 새로운 발견을 했을 때에는 약간의 우월감이 느껴진다.

천재가 느끼는 고독은 부정적인 고독이 아니라 어디까지나 긍정적인 고독이다.

여하튼 천재적 재능과 고독은 상관성이 있다.

또 반대로, 반드시 천재가 되지는 않더라도 고독한 시간을 통해 나와 마주하고 스스로 해결방법을 찾는 습관을 들인다면 적어도 지금보다는 똑똑해질 것이다. 이것은 합리적인 이야기다. 남에게 대답을 기대하고 곧바로 인터넷으로 검색하는 사람보다 혼자 깊이 생각하는 사람이 똑똑하리라는 것은 분명하지 않겠는가.

천재는 두뇌만으로 완성되는 것이 아니다. 스스로 생각하는 시간에 달려 있다. 특히 고독한 시간에.

고독을 배우다 철학자에게

4

세계의 철학자들은
고독을 얼마나 사랑했을까?

철학자는 고독의 달인

앞에서 이야기했듯이 고독에는 좋은 점들이 많이 있는데, 중요한 것은 부정적인 고독에서 벗어나 긍정적인 고독으로 전환하는 것이다.

부정적인 고독에 사로잡힌 사람은 고독 따위는 사라져 버려야 한다고 생각한다. 오로지 사람들과 즐겁게 어울리며 살고 싶을 뿐이다. 나 자신도 그랬기 때문에 분명 그러리라 생각된다. 그러나 이상은 그 앞에 있다. 더구나 그것을 뛰어넘은 곳에.

그 이상을 붙잡는 방법으로 얼마나 많은 철학자들이 고독을 이야기했는지, 또 그들이 고독을 얼마나 사랑했는지 살펴보도록 하자. 그들의 주옥같은 명언들을 단서로 하여 긍정적인 고독을 붙

잡을 방법을 생각해 보자.

철학은 고독한 일이다. 물론 이것은 긍정적인 고독이다. 훌륭한 철학자들은 모두 긍정적인 고독의 달인이라 할 수 있다.

그들이 가진 고독에 대한 견해는 매우 심오하다. 깊은 사색으로부터 나온 것이기 때문이다. 그에 따라 우리의 생각도 깊어진다. 그리하여 고독이라는 주제를 앞에 놓고 우리는 위인들과 대화를 나눌 수 있게 된다.

그들 중에는 말 그대로 굳이 고독한 인생을 선택한 사람들도 있다. 쇼펜하우어뿐 아니라 니체와 호퍼, 그리고 노자도 마찬가지다. 그들의 고독한 생활은 얼마나 강한 힘을 낳았을까?

위대한 철학자들의 고독관과 스스로 고독한 삶을 실천한 예를 잘 살펴보길 바란다. 한마디로 말해, 우리가 고독의 달인들에게서 배울 것은 고독의 깊이와 힘이다.

철학자에게 고독을 배우다

고독은 사람 '사이'에 있다고 말한 미키 기요시

고독은 산이 아니라 길에 있다. 한 사람의 인간에게 있는 것이 아니라, 여러 명의 인간 '사이'에 있다. 고독은 '사이'에 존재하는 것으로 공간과 같은 것이다. '진공의 공포'—그것은 물질에 있는 것이 아니라 사람에게 있는 것이다.

—《인생론 노트》

미키 기요시(1897-1945)

일본의 철학자. 실존철학을 독자적인 시점으로 발전시켰다. 마르크스주의 운동의 일익을 담당했다. 말년에는 치안유지법으로 체포되어 옥사했다. 저서로는《인생론 노트》,《역사철학》등이 있다.

이 짧은 문장 안에 고독의 본질이 거침없이 표현되어 있다. 미키 기요시는 고독은 산이 아니라 길에 있다고 생각했다. 즉 고독이란 길거리처럼 북적거리는 환경 속에서 느끼는 감정이라는 뜻이다.

눈앞에 있는 사람과 유대관계가 없을 때 사람은 비로소 혼자라는 사실을 실감하게 된다. 이 세상에 나만 존재하면 타인과의 유대를 신경 쓸 필요가 없다. 산속에 있는 것이 바로 그런 것이다.

눈앞에 사람이 있는데도 불구하고 그 사람과 거리가 있다. 그 것도 많은 사람 '사이'에서. 미키 기요시는 그것을 공간이라고 표현했는데, 이는 물론 심리적인 거리를 나타낸다.

확실히 우리는 사람들과 함께 있어도 거리감을 느낄 때가 있다. 다른 사람들은 웃고 떠드는데 나만 진공 속에 있는 듯한 공포감. 그런 공포를 느끼는 것은 아마 인간뿐일 것이다.

다만 미키 기요시는 그런 고독을 단순한 공포로 부정적인 시선으로만 바라보지는 않았다. 자기 표현 활동을 통해 고독의 부정적인 측면을 극복하려 했다.

이를테면 물건에 대해 표현할 때 우리는 그 물건에 눈을 향하고 의식을 집중시킨다. 무심히 그림을 그리고, 문장을 쓰는 것이 그러하다. 일에서도 마찬가지다. 좋은 아이디어가 떠올라 무심히 기획서를 작성하는 순간이 있다.

설령 혼자 있어도 무언가에 집중하고, 거기에 자신을 투영해 말과 형태로 표현하는 순간, 머릿속에서 고독에 대한 공포는 사

라진다.

그때는 오히려 혼자 있는 그 순간이 기쁠 것이다. 누구에게도 방해받고 싶지 않을 테니까 말이다.

미키 기요시는 고독을 극복하는 방법에 대해 이야기했지만, 나에게는 그것이 부정적인 고독을 긍정적인 고독으로 전환하는 방법을 알려 주는 것만 같았다.

산속에서는 부정적인 고독이 아니라 긍정적인 고독을 느낄 것이다. 혼자가 되어 자연에 집중하고, 나아가서는 자신과 마주할 수 있기 때문이다.

고독과 창조를 실천한 에릭 호퍼

사람들과 어울려 생활하지만 고독하다. 이것이 창조에 있어서 가장 적절한 상황이다. 이러한 상황은 도시에는 있지만, 시골이나 작은 마을에는 없다. 창조적 상황의 다른 요소로는 당연함, 무자극, 그리고 약간의 지루함과 혐오감 등이 있다. 대부분의 경우 창조의 원동력이 되는 것은 사소한, 그러나 지속적인 초조함에 대한 평온한 반발이다.

―《부두에서 일하며 사색하며》

에릭 호퍼(1902-1983)

미국의 철학자. '이민 철학자' 또는 '독학 철학자'로 불린다. 철저하게 지식인을 비판했고, 노동의 의의를 주장했다. 저서로는 《맹신자들》, 《부두에서 일하며 사색하며》 등이 있다.

에릭 호퍼만큼 긍정적인 고독을 실천한 철학자도 없을 것이다. 왜냐하면 그는 부정적인 고독을 질리도록 맛본 후에 그것을 극복하기 위해 굳이 고독한 생활을 선택해 즐긴 인물이기 때문이다.

일찍이 부모를 여읜 호퍼는 열여덟 살에 완전히 고독한 신세가 되었다. 그는 일용직 노동자로 살아가기로 결심한다. 학교도 가지 않았기 때문에 어쩔 수 없는 선택이었다. 그러나 책 읽는 것을 좋아해 어디로 이사를 가든 도서관 근처에서 살았다.

단명하는 가족력 때문에 자신도 마흔 전에 죽을 거라 생각했던 그는 희망을 잃고 스물일곱 살, 자살 기도를 했다. 그러나 목숨을 건지고, 이후 긍정적인 고독 속에서 살아갔다.

항만 노동자로 자리 잡은 후에는 노동과 독서 그리고 집필 생활을 즐겼다. 인품이 좋아 그를 사랑하는 여성도 많이 나타났지만, 그는 끝끝내 그녀들의 손을 잡지 않았다. 결국엔 불행해질 거라고 생각했기 때문이다. 그래서 동료나 친구는 많았어도 항상 고독을 느끼며 살았다. "사람들과 어울려 생활하지만 고독하다." 라는 말은 그런 의미라고 생각한다.

캘리포니아의 도시에서 거리의 소동에도 아랑곳하지 않고 묵묵히 독서를 하던 나날. 당연히 그만큼 자신과 마주하는 시간이 많았을 것이다. 자신을 고독으로 내몬 사회에 분노를 느끼면서도 그는 창작 활동을 계속했다.

그런데 만약 그런 환경이 없었다면 그는 철학자로서 책을 쓰지 못했을 것이다.

외로움도 고독도 없는 생활에 만족하다 보면, 분명 세상에 하고 싶은 말이 사라지게 되기 때문이다.

사소하지만 지속적인 초조함이 창조를 낳는다. 마치 조개가 모래로 인해 아름다운 진주를 만들어 내듯이. 이것은 호퍼가 사용한 비유다. 고독이 창조를 낳는다는 것도, 그리고 왜 고독이 창조를 이끄는지도 그는 잘 알고 있었다.

일용직 노동자로 일하면서 혼자 조용히 글을 쓴 호퍼는 말년에 미국 대통령 자유훈장을 받았다. 긍정적인 고독이 위대한 인물을 만들어 낸 것이다.

철학자에게 고독을 배우다

생각의 고독을 설파한 파스칼

따라서 우리의 모든 존엄은 생각 안에 있다. 우리는 생각부터 일으켜야 한다. 우리가 채울 수 없는 공간과 시간이 아니라.

—《팡세》

블레즈 파스칼(1623-1662)

프랑스의 과학자이자 사상가. 인간이 살아가는 방법을 에세이 형식으로 표현한 모럴리스트의 대표적인 인물이다. 데카르트를 비판하고, 논리적 사상뿐 아니라 감정이 필요한 이유를 주장했다. 《팡세》를 비롯한 많은 저작이 있다.

프랑스 철학자 파스칼의 《팡세》는 가장 유명한 철학서 중의 하나다. 특히 "인간은 생각하는 갈대다."라는 표현은 많은 사람이 어딘가에서 들어 본 적이 있을 것이다. 그러나 그 자세한 의미에 대해 알고 있는 사람은 의외로 적다. 사실 이 말은 긍정적인 고독과 깊은 관계가 있다.

위에서 소개한 문장은 "생각하는 갈대"라는 표현 뒤에 나오는 말이다. 즉 인간은 생각한다는 점에서 존엄한 존재이고, 그 점이 나약한 존재인 갈대라는 식물과는 다른 점이다. 고민하거나 한숨 쉬거나 사소한 일로 마음이 흔들리는 사람은 줄기가 가는 갈대와 같다. 그러나 사람은 생각한다는 점에서 갈대와 다르다.

그러면 이것이 왜 긍정적인 고독과 관계있을까? 그것은 파스 칼이 '시공간'과 '생각하는 것'을 비교했기 때문이다.

인간이라는 존재는 어디에서 나오는 걸까? 인간은 생각에서 나오지, 공간과 시간에서 나오는 것이 아니다.

왜냐하면 우리는 공간과 시간을 채울 수 없기 때문이다. 공간 과 시간은 우리의 외부에 있는 것으로, 본래 우리와는 관계없는 것이다.

툭하면 우리는 자신이 사는 세계나 자신이 살아가는 시대를 자 신과 동일시한다. 마치 자신이 컨트롤할 수 있는 것처럼. 그러나 세상과 시대는 내가 컨트롤할 수 있는 게 아니다. 그래서 괴로운 것이다. 자신이 할 수 없는 일을 하려고 하기 때문에.

우리가 컨트롤할 수 있는 것은 세상과 시대가 아니라 자신을 채우는 것뿐이다. 바꿔 말하면, 자신을 만족시키는 것이다. 그것 이라면 자기 혼자서도 할 수 있다. 어떻게? 바로 사고라는 수단을 통해서.

그래서 파스칼은 생각을 일으켜야 한다고 말한 것이다. 거기서부터 자신의 존재를 재검토하는 것이다.

그러기 위해서는 외부에 눈을 돌려서는 안 된다. 외부 요인에 탄식하는 것은 바람직하지 못하다. 그보다는 오히려 혼자 조용히 자신과 마주하고, 세상이 아니라 자신을 바꿔야만 한다.

이제 알았을 것이다. 긍정적인 고독에 빠지면 만족과 마음의 평화를 얻을 수 있다.

파스칼은 이런 말도 남겼다.

"공간에 의해서 우주는 나를 감싸고, 하나의 점으로 나를 삼킨다. 그러나 생각에 의해서 나는 우주를 감싼다."

세상에 조종당하면 우리는 잡아먹힐 뿐이다. 반대로 긍정적인 고독 속에서 나와 마주하면 내가 세상을 잡아먹을 수 있다. 제발 헛되이 떠들어 대는 세상을 비웃는 사람이 되길 바란다.

신과 함께하는 고독을 이야기한 카를 힐티

신과 함께하는 강건한 삶과 연결되지 않은 단순한 정적과 고독의 생활은 유혹을 이길 가호도, 완성으로 가는 길의 구원도 되지 못한다.

—《잠 못 이루는 밤을 위하여》

카를 힐티(1833-1909)

스위스 철학자. 본래는 변호사로, 스위스 육군 재판장까지 올랐다. 글솜씨도 뛰어나 크리스트교 관련 글부터 시작해 폭넓은 저작 활동을 했다. 저서로는《행복론》,《잠 못 이루는 밤을 위하여》등이 있다.

스위스의 철학자 카를 힐티는 고독한 시간을 보내는 것만으로는 부족하다고 말한다. 다만 그의 경우는 경건한 크리스트교 신자였기 때문에 신을 끌어왔다. 고독에 더해 신과 함께하는 강건한 생활이 필요하다고.

그러나 이 문장에서는 크리스트교의 문맥을 넘어 중요한 두 가지 사항을 말하고 있다. 하나는 단순한 고독만으로는 유혹을 이길 수도, 성공할 수도 없다는 것이다. 또 하나는 이를 위해 강건한 생활이 필요하다는 점이다.

각각 내 나름대로 의미를 정리해 보겠다.

우선 첫 번째 지적에 대해서 말해 보자. 왜 고독을 선택해도 그것만으로는 안 된다는 걸까? 한마디로 말하면, 그것은 아직 긍정적인 고독이 되지 않았기 때문이다.

고독을 선택한 것만으로는 문제가 해결되지 않는다. 언뜻 긍정적으로 고독을 선택한 것처럼 보여도 아직은 입구에 서 있는 것에 불과하다. 긍정적인 고독을 통해 유혹을 이기고 성공의 길을 걷기 위해서는, 말 그대로 그 길을 걸어가야 한다. 입구에 서 있는 것만으로는 부족하다.

만약 적극적으로 고독한 길을 선택했는데도 공허하다든가 외로움을 느낀다면 그것은 아직 입구에 머물러 있다는 증거다. 제발 앞으로 나아가길 바란다. 그러면 분명 마음도 상황도 바뀔 것이다.

하지만 어떻게 나아가면 좋을까? 여기서 두 번째 사항이 관계한다. 강건한 생활이 필요하다는 것이다.

힐티는 '무언가 실천적인 일'이라고 표현했는데, 무엇을 해야만 한다는 정의는 없다. 다만 그의 경우는 여기에 '신과 함께'라는 조건을 붙였다. '신과 함께'를 일반적인 상황으로 바꾼다면 그것은 '나와 마주하는 노력'일 것이다.

나에게는 신이 있다, 따라서 그의 가호를 믿고 받아들여야 한다고 힐티는 생각했던 것 같다. 그렇다면 신이 마음속에 없는 경우에는 어떻게 해야겠는가?

자신의 힘을 믿고, 자신이 해야 하는 일에 몰두하는 수밖에 없다.

자신의 힘을 믿고 몰두하는 것이 바로 강건한 생활이다. 이렇게 하면 비로소 우리는 고독의 입구에서 힘찬 발걸음을 뗄 수 있다.

철학자에게 고독을 배우다

고독을 강력한 힘으로 바꾼 니체

어떤 종류의 사람에게는 혼자 있는 것을 기분 좋게 허락하고,
그러기 위해서 그들은 불쌍한 흉내를 내서는 안 된다.

—《인간적인 너무나 인간적인》

프리드리히 니체(1844-1900)

독일의 철학자. 젊은 나이에 병에 걸려 대학을 떠난 후 고독하게 문장 쓰는 일에
전념했다. 크리스트교를 비판하고 강인한 삶을 위한 철학을 주장했다. 저서로는
《비극의 탄생》,《차라투스트라는 이렇게 말했다》등이 있다.

니체는 고독에 대해 많은 것을 논했다. 그는 긍정적인 고독을
찬미한 철학자이기 때문이다.

그는 고독 속에서도 강인하게 살아가려고 노력했다. 아마 이러
한 노력이 그의 사상에 많은 영향을 미쳤을 것이다. 질투라는 유

혹과 싸우면서, 게다가 믿었던 친구에게 배신당하면서도 마침내 그는 긍정적인 고독을 손에 넣었다.

혼자 있는 것을 기분 좋게 허락하고, 불쌍한 흉내를 내서는 안 된다.

이것은 니체가 자기 자신에게 한 말이다. 우리 또한 자신에게 이 말을 들려줄 필요가 있다.

니체가 이렇게 말한 이유는 사람은 나약한 동물이기 때문이다.

혼자 있으려고 결심해도 결국은 남을 의식하게 된다. 그래서 사람은 다른 사람과 비교하며 나락으로 떨어진다.

따라서 조금 더 강인하게 고독을 살아가야 한다고 말한다.

이를테면 친구가 없다고 탄식하는 사람이 있다. 니체는 이렇게 말한다.

"친구가 있다는 것은 그 사람에게 질투할 요소가 없다는 뜻 이다."

이런 식으로 생각하면 친구가 없어도 비관할 필요는 없을 것이다. 나에게 질투 요소가 많은 것이므로.

그렇다면, 혼자 있는 것을 즐기게 되면 그다음에는 어떻게 되는 것일까? 니체의 표현에 의하면 '고급 자아'를 발견할 수 있다. 알기 쉽게 말하자면, 그것은 이상적인 자기 모습이다. 화가라면

'그가 그릴 수 있는 최고의 환상'이 그에 해당한다.

그 고급 자아를 발견하면 다른 사람이 뭐라 하든 일절 흔들리지 않고 긍정적으로 고독을 추구할 수 있게 된다. 그렇기 때문에 자신과 마주할 필요가 있는 것이다. 고급 자아를 발견할 때까지.

니체는 혼자 있는 자신을 어리석게 생각하고 스스로 그 과정을 방해해서는 안 된다고 주장했다.

비우면 채워진다고 말한 노자

무리가 되고 싶지 않은 자는 고아, 고독한 자, 선하지 않은 자가 대부분이지만, 그럼에도 왕공은 그것을 자청했다. 따라서 비우려고 하면 채워지고, 채우려고 하면 비워지는 것이 생긴다.

—《도덕경》

노자(미상)

중국의 사상가. 도가의 시조로 불린다. 원래는 관직을 버린 사람이지만, 속세를 버린 사람이라는 설도 있다. 세계의 근본원리로서 도의 존재를 설파했고, 자연 그대로가 좋다는 무위자연을 주장했다. 저서로는 《도덕경》이 있다.

그럼 이쯤에서 중국의 사상가도 등장시켜 보자. 바로 노자다.

앞의 글은 고독에 대해 쓴 문장은 아니지만, 나는 이 말에 상당히 깊은 감명을 받았다.

"비우려고 하면 채워지고, 채우려고 하면 비워지는 것이 생긴다."

확실히 맞는 말이다.

노자가 예로 들었듯이, 인간은 혼자 있는 것을 싫어하지만 이 세상에서 가장 고귀한 인간은 혼자 있기를 바란다. 고귀한 인간이란 당시로 말하면 왕이다.

지금도 그럴 것이다. 국가나 회사의 리더를 보자. 외로움에 리더 자리를 나눠 가지려는 대통령이나 사장은 없을 것이다. 리더는 항상 혼자다. 그것은 리더가 혼자이기를 바라기 때문이다. 정말 이상하지 않은가?

그러나 노자의 말을 들어 보면 그 이유를 알 수 있다.

버릴수록 늘어난다.

즉 혼자 있는 덕분에 거기에 집중하는 권력은 늘어난다. 반대로 리더가 세 명이라면 권력은 세 갈래로 나뉠 것이다. 삼권분립은 그것을 노린 결과다.

그럼 이 말을 고독에 적용하면 어떻게 될까?

고독을 선택하면 무언가가 늘어난다. 무엇이 늘어나는 것일까? 우선 생각되는 것은 자신의 할당이다. 누군가와 같이 식사하면 음식을 나눌 필요가 있고, 누군가와 같이 노래방에 가면 자신이 노래할 시간은 줄어든다.

다음으로 늘어나는 것은 생각하는 시간이다. 누군가와 대화할 때나 다른 사람의 이야기를 들을 때는 내가 생각할 시간이 줄어든다. 나아가서는 자신과 마주할 기회도 줄어든다. 게다가 성공할 기회가 줄어들지도 모른다.

노자는 사물을 구별하는 것을 경계한 사상가이기도 하다. 모든 것은 하나라고 말했다. 그것은 '도'라고 불리기도 한다. 노자에게 '도'란 이 세상을 지배하는 원리를 의미한다. 그래서 하나인 것이다. 만약 그것을 구별해 버리면 힘도 분산되어 버릴 것이다.

성공하고 싶다면 도와 일체화하면 된다. 이것이 노자가 주장한 무위자연의 사상이다. 무엇도 다투지 않고, 큰 힘과 일체화시키는 것이다. 이는 곧 고독해지면 성공할 수 있다는 뜻이기도 하다.

고독과 사랑의 관계를 이야기한 에리히 프롬

만약 자신의 다리로 일어설 수 없다는 이유로 다른 누군가에게 기대려고 한다면, 그 상대가 생명의 은인은 될지 몰라도 두 사람의 관계는 사랑이 아니다. 역설적이기는 하지만 혼자 있으려는 노력이 사랑의 전제조건이다.

—《사랑의 기술》

에리히 프롬(1900-1980)

독일의 사회심리학자. 프로이트의 정신분석을 사회에 적용했다. 특히 파시즘의 심리학적 기원을 밝히면서 민주주의의 진정한 모습을 부각시켰다. 저서로는 《자유로부터의 도피》, 《사랑의 기술》 등이 있다.

연애를 잘 못하는 사람들이 많다. 프롬은 그것을 '현대의 병'이라고 했는데, 병인 이상 치료는 가능하다. 이를 위해 프롬은 사랑의 기술을 제시한다.

그런데 그가 전제조건으로 내세운 것 중 하나가 혼자 있는 능력이다. 확실히 역설적이다. 보통은 혼자 있기 싫어서 누군가를 만나기 때문이다.

그럼에도 불구하고 프롬은 혼자 있어야 비로소 연애가 가능해진다고 말했다.

의지하는 사람은 생명의 은인이 될 뿐이라는 그의 말을 들으면 이해할 수 있을 것이다. 연애란 결코 일방적으로 기대는 것이 아니다. 스스로 굳건히 서 있어야 한다.

그러기 위해서는 어떻게 해야 할까?

여기서 프롬은 기술을 습득하는 데 필요한 것으로 '규율', '집중', '인내' 세 가지를 든다. 그리고 그중에서도 집중력을 키우는 것이 가장 어렵다고 말했다. 우리 주변에는 집중력을 방해하는 것이 너무나 많기 때문이다.

프롬은 20세기 철학자이지만, 그때 이미 정보 과다 시대로 들어서고 있었다. 지금은 더욱 심해졌지만 말이다. 프롬은 집중력을 키우기 위해 가능한 한 쓸모없는 이야기를 피하는 것이 중요하다고 했는데, 지금으로 말하면 SNS가 될 것이다. 그러한 잡음을 없애고 집중력을 키워야 비로소 우리는 혼자 있을 수 있게 된다.

그래야 비로소 연애할 준비가 갖춰지는 것이다. 나머지는 적극적으로 심장을 어택하면 된다.

고백을 어택이라고 표현하듯이, 남에게 의지하려는 마음만으로는 고백이 성사되지 않는다. 자신의 힘을 키워 어택해야 한다. 이것은 어택받았을 때도 마찬가지다. 상대를 받아들일 수 있도록 두 다리로 단단히 서 있어야 한다.

이처럼 긍정적인 고독은 연애의 조건이 되기도 한다.

고독과 행복의 관계를 전한 버트런드 러셀

위대한 책은 대체로 지루한 부분이 있고, 예로부터 위대한 생애는 대체로 지루한 기간이 있다.

—《행복의 정복》

버트런드 러셀(1872-1970)

영국의 철학자이자 수리철학 전문가. 조금씩 정치에 관심을 가지기 시작해 노후에는 평화운동에 매진했다. 러셀-아인슈타인 선언을 발표했다. 노벨문학상도 수상했다. 저서로는《철학의 문제들》,《행복의 정복》 등이 있다.

러셀의 말을 곱씹을 때마다 '지루한 시간을 어떻게 보내는지에 따라 인생의 위대함이 결정된다'는 것을 새삼 느끼게 된다. 러셀 또한 행복의 방법론으로 지루함을 주장했는데, 이것은 매우 설득력이 높다.

아마 러셀 자신이 고독한 소년 시절을 보냈기 때문일 것이다. 교외의 대저택에서 홀로 지내며 책을 벗 삼아 청춘 시절을 보낸 러셀. 호기심이 왕성한 소년 러셀에게 그것은 지루한 시간이었음이 분명하다. 러셀은 다른 위인의 이야기를 하는 것이지만, 러셀 본인도 위대했기 때문에 자신의 생애를 되돌아보며 지루함의 의의를 논한 것이 아닐까 생각한다.

이른바 인생에는 강약이 필요하다는 뜻이다. 자극만 있는 인생은 그 자극에 마비되어 버린다. 러셀은 "너무 많은 흥분에 익숙해진 사람은 후추를 병적으로 원하는 사람과 같다."라고 말했다. 자극을 원하는 데 끝이 없다는 것이다.

물론 지루하기만 하면 인생은 재미없어진다.

가장 좋은 것은 때로는 지루한 시간을 갖고, 그것을 잘 활용하는 인생이다.

마치 높이 날기 위해 일단 웅크리고 앉아 있는 것처럼. 그 시간이 긍정적인 고독의 시간이라고 나는 생각한다.

이렇게 굳이 고독한 시간을 보내는 것은 인내하는 것처럼 보일지도 모른다. 그러나 절대 그렇지 않다. 오히려 수행이라고 할 수 있다.

인내와 수행의 차이는 얻는 것의 크기에 있다. 수행이라고 생각하면 보다 많은 결실을 얻을 수 있다.

이 책은 긍정적인 고독을 즐긴다는 전제로 이야기하고 있지만, 러셀의 말처럼 모든 일에는 즐거운 시간만 있는 것은 아니다. 고독을 선택해 즐기려고 해도 그것은 지루한 시간이 될 수도 있다. 그럴 때 당장 자극을 찾아 도망가서는 안 된다. 그럴 때는 수행이라 여기고 조금은 참고 견뎌야 한다. 그 후에는 반드시 충만한 시간이 찾아올 테니 말이다.

고독해도 혼자가 아니라고 말한 와쓰지 데쓰로

인간의 규정을 내리는 철학자는 우선 사회에서 고립돼 자아를 탐구하라고 한다. 그러나 그 고립된 사색도 공동의 문제이다.

—《인간의 학으로서의 윤리학》

와쓰지 데쓰로(1889-1960)

일본의 철학자이자 논리학자. 사람과 사람 사이라는 개념을 이용해 독자적인 논리학을 완성했다. 풍토의 시점으로 문화를 논한 '풍토론'도 유명하다. 저서로는 《논리학》, 《풍토》 등이 있다.

이 한 문장이 고독과 어떤 관계가 있는지 의문이 가는 사람도 있을 것이다. 일찍이 데쓰로는 프랑스 철학자 데카르트가 확립한 철학의 방법론을 비판했다.

데카르트는 "나는 생각한다. 그러므로 나는 존재한다."라는 명언으로 알려진 근대 최초의 철학자다. 데카르트는 세상과 차단하고 고립되어 사색해야 비로소 본질이 보인다고 주장했다.

근대 이후 그것이 서양 철학의 기본적인 사상이었는데, 데쓰로는 그 사상에 이의를 제기한 것이다. 왜냐하면 인간은 고립된 존재가 아니기 때문이다. 여기에 데쓰로의 기본적인 사상이 있다.

데쓰로는 인간을 관계의 존재로 파악했다. 즉 사람과 사람 사이의 관계성에 주목했다. 다시 말해,

사람은 공동체 안에서 서로 복잡한 관계를 맺고 살아가는 존재라는 뜻이다.

이런 의미에서 보면 서양의 개인주의와 정반대에 놓여 있는 사상이라고 할 수 있다. 무엇이 정답이라고 말할 수는 없지만, 적어도 일본에서는 인간이 공동체적 동물이라고 정의 내리는 것이 맞을 것이다.

데쓰로에 의하면, 혼자 고립해 사색을 즐긴다고 해도 인간은 필연적으로 공동체적 존재임이 전제가 된다. 아무리 세상과 사회를 끊고 멀리하려고 해도 그것은 불가능한 일이다. 물론 물리적으로는 혼자가 될 수 있지만, 그렇다고 해도 누군가와의 관계, 생각, 사회의 역할이 전부 사라지는 것은 아니다.

우리는 그러한 것을 짊어진 채 관계 속에서 사색할 수밖에 없다. 따라서 고독해져라, 자신과 마주하라고 말해도 사람은 결코 혼자가 될 수 없다. 좋은 의미에서 누군가와 연결되어 있기 때문이다.

나도 혼자 철학할 때 과거에 누군가가 한 말, 누군가가 한 경험 등을 반드시 머리에 떠올린다. 그것을 기초로 생각을 발전시키는 것은 마음속에 있는 누군가와 공동작업을 하는 것과 같다. 철학에서의 사색이 혼자서라도 외롭지 않은 이유는 그 덕분일 것이다.

고독해질 장소를 중시한 몽테뉴

그 안에서 우리가 우리인 진짜 이유를, 가장 중요한 은퇴 장소를, 고독을 훌륭하게 만들어 낼 완전한 나의 소유물이며 절대 간섭받지 않을 비밀의 방을 스스로 확보해야만 한다.

―《수상록》

미셸 몽테뉴(1533-1592)

프랑스 사상가이며 법관과 시장도 역임했다. 몽테뉴성의 저택에서 사색을 즐겼고, 회의주의 입장에서 인간의 삶을 탐구했다. 저서로는 《수상록》, 《여행기》 등이 있다.

　몽테뉴의 《수상록》에는 이 세상 모든 것이 적혀 있다. 그도 그럴 것이, 이 책에는 몽테뉴가 오랜 기간에 걸쳐 생각한 다양한 문제가 일기처럼 적혀 있기 때문이다.

물론 고독을 주제로 한 부분도 있다. 거기엔 많은 명언이 있지만, 내가 가장 공감하는 것은 위에 소개한 구절이다. 가족과 사회 안에서 누군가와 함께 살고 있어도 고독해질 공간은 반드시 확보해야 한다는 이야기다.

가장 큰 이유는 만약 모든 것을 잃는다 해도 그 환경을 견디기 위해서다.

사람은 자신의 바람과는 달리 고독에 내몰릴 때가 있다. 타인은 언젠가 떠나가기 마련이다. 누구든 언제까지나 함께 있을 수는 없다.

사별이 그 전형적인 예다. 그럴 때는 불쑥 찾아온 고독이 나를 괴롭히고, 마침내는 좀먹어 버릴지도 모른다. 그렇게 되지 않기 위해서라도 일상에서 적극적으로 고독을 연습하는 것이 좋다고 그는 말한 것이다.

몽테뉴는 이런 말을 남기기도 했다. 인간만이 누군가와 만나고 헤어지는 존재라고.

확실히 다른 동물들은 집단행동을 할지, 단독행동을 할지가 정해져 있다. 그것은 그 종의 숙명 같은 것이다. 그러나 인간은 어느 쪽이든 본인이 선택할 수 있다.

또는 때때로 바뀔 수도 있다. 이것은 다른 동물과 비교해 봐야 비로소 알게 된다. 어쩌면 인간은 기본적으로는 집단적인 동물일 것이다.

그러나 그것에 얽매일 필요는 없다. 스스로 선택하고 적극적으로 고독해질 수도 있다. 따라서 그 특권을 잘 이용하면 된다. 이것은 반드시 집과 같은 물리적인 공간만을 말하는 것이 아니다.

몽테뉴는 자신의 다락방에 숨어 사색을 즐긴 경험을 통해 '영혼을 자신 안에 가둬야 한다'고 말했다. 그것이 진짜 고독이라고. 즉 적극적으로 고독해지는 것은 역시 마음의 문제다.

이것은 좀처럼 쉬운 일이 아니지만, 몽테뉴가 《수상록》을 써 내려갔듯이 우리도 우리의 생각을 문장으로 써 내려가다 보면 그렇게 할 수 있게 될지도 모른다.

일기를 쓰는 것도 좋을 것이다. 일기란 대답을 외부에서 찾는 것이 아니라 자신의 내부에서 찾는 것이기 때문이다. 이런 태도가 영혼을 자신 안에 가두는 것이라 할 수 있다.

나와 마주하는 고독의 의미를 말한 세네카

사자나 다른 동물들은 우리 안에서 힘이 억제되지만, 인간은 그렇지 않다. 인간의 힘은 조용한 곳에서 최대치가 된다.

—《인생의 짧음에 관하여》

루키우스 세네카(BC4?-65)
로마제국의 정치가, 철학자, 시인. 네로 황제의 스승으로도 알려져 있다. 스토아 학파의 입장에서 많은 비극과 작품을 남겼다. 저서로는 《화에 대하여》, 《관용론》 등이 있다.

세네카의 이 말을 들었을 때 나는 정신이 번쩍 들었다. 이것이 인간의 힘이 아닐까 하고.

확실히 그의 말대로다. 맹수는 우리 안에 갇히면 끝이다. 그러나 인간은 그 반대로 우리에 갇혔을 때 본래의 힘이 발휘된다.

원래 인간은 야생 세계에서는 나약한 존재다. 맹수는커녕 식물도 당해 내지 못할 것이다. 그럼에도 불구하고 왜 그 나약한 존재가 세계를 지배하게 되었을까?

인간의 힘은 육체가 아닌 두뇌로 측정되기 때문이다. 인간은 강한 생각과 강한 의지를 갖고, 그것을 실행으로 옮긴다. 그런 의미에서 지력은 나와 마주할 때 비로소 발휘되는 것이다. 사자처럼 숲을 달리고 있을 때는 그런 시간을 가질 수 없다. 그래서 인간은 사냥을 해서는 안 된다.

오히려 인간이 해야 할 일은 동물을 가두는 우리 안에 스스로 들어가는 것이다. 그래야 비로소 깊이 생각할 시간을 가질 수 있다.

다만 우리에 들어간다고 해서 자동적으로 깊이 생각하는 힘이 나오는 것은 아니다. 세네카의 말에 의하면,

자기 자신에게나 사회에 도움이 되고 싶다는 강한 열망이 있어야 한다.

그저 집에 틀어박혀 있는 것이라면 은둔형 외톨이가 될 뿐이다. 그것은 자신에게도 사회에도 마이너스다. 20대 후반의 내가 확실히 그랬기 때문에 잘 알고 있다.

중요한 것은 긍정적으로 생각하는 혼자만의 시간을 갖는 것

이다. 이는 자신을 위해서도 좋지만, 사회를 위해서라면 더더욱 좋다.

세네카는 또한 인생의 길이는 마음먹기에 달려 있다고 했다. 인생을 허망하게 보내고 싶지 않다면 가능한 한 젊을 때 긍정적으로 생각하는 혼자만의 시간을 가져야 한다고 말했다.

그렇기 때문에 우리는 집단에서 벗어나는 것을 두려워해서는 안 된다.

고독으로 사색하는 인생을 보낸 쇼펜하우어

사람은 혼자 있을 때만 완전하게 자기 자신으로 있는 것이 허
락된다. 따라서 고독을 사랑하지 않는 것은 자유를 사랑하지
않는 것과 같다.

—《고독과 인생》

아르투르 쇼펜하우어(1788-1860)

독일 철학자. 비관론적인 이론가로 유명하다. 인간은 의지를 부정해야 비로소 괴
로움에서 벗어날 수 있다고 말했다. 저서로는 《의지와 표상으로서의 세계》, 《시
각과 색채에 대하여》 등이 있다.

    고독에 관한 쇼펜하우어의 문장은 이 책의 시작에서도 소개했
다. 그는 자신이 고독 속에서 높은 정신을 키웠다고 자부했기 때
문에 고독에 대해 비교적 많은 말을 남겼다.

위의 문장은 고독과 자유에 관한 이야기다. 쇼펜하우어에 의하면, 우리는 다른 사람과 같이 있을 때 자유를 빼앗긴다. 누군가와 함께 있으면 그 사람에게 맞춰 주어야 한다.

그러나 물론 그것이 항상 손해를 낳는 것은 아니다. 타인과 대화하다 보면 무언가 새로운 지식을 얻거나 자극을 얻을 수도 있다. 그러나 얻는 것만으로는 완전한 내 것으로 만들 수 없다.

다른 사람에게서 얻은 지식이나 자극을 내 것으로 만드는 과정에는 엄청난 집중력이 요구된다. 즉 깊이 생각하고 이해하는 과정이 필요한데, 그것은 완전히 자유로운 상태일 때만 가능하다.

나도 내 생각을 정리할 때에는 주말 시간을 통째로 비워 놓는다. 그 시간을 토요일 오후나 일요일 오전 등으로 나누면 안 된다. 왜냐하면 인간은 집중할 때 준비 시간이 필요하기 때문이다.

서서히 집중력을 끌어올려야 진짜 집중할 수 있는 시간이 찾아온다. 게다가 인간의 집중력은 그리 오래가지 않는다. 고작해야 몇 시간 정도다. 그 귀중한 몇 시간을 얻기 위해서는 굳이 하루를 통째로 비워야 한다. 그런 시간이 바로 '고독'이다.

그런 고독한 시간을 사랑하지 않는 것은 자유를 사랑하지 않는 것과 같다. 조금 더 구체적으로 말하면 나를 사랑하지 않는 것이다.

그래서 쇼펜하우어는, 자기 가치와 고독한 시간은 비례한다고 말했다. 고독한 시간이 많을수록 내 가치가 올라간다는 뜻이다. 이것은 정말 중요한 이야기다.

자신에게 가치를 많이 두는 사람일수록 고독을 사랑하기 때문에 당연하다면 당연한 것이지만, 고독한 시간에 따라 자신의 가치가 달라진다. 쇼펜하우어는 이것을 교향곡이 아닌 피아노 솔로 연주에 비유했다.

"정신이 풍부한 사람은 혼자서도 작은 세계를 만든다."

고독은 독립심이 강한 사람에게 나타나는 특징인 것만은 확실하다. 자신의 이름으로 무언가를 이루고 싶은 사람은 무엇보다 우선 고독해진다. 그것이 성공으로 가는 첫걸음이라 할 수 있다. 쇼펜하우어가 대학을 떠나 혼자가 됐을 때 성공한 것처럼. 그리고 나 역시 회사를 그만두고 혼자가 됐을 때 성공한 것처럼 말이다.

철학자에게 고독을 배우다

리더의 고독을 논한 마키아벨리

그런 까닭에 군주는 신하의 결속력과 충성심을 유지하기 위해서라면 냉혹한 인간이라는 악평도 마음에 두지 말아야 한다.

—《군주론》

니콜로 마키아벨리(1469-1527)

이탈리아의 정치사상가이자 외교관. 실무경험에서 나온 날카로운 정치론, 리더론으로 유명하다. 저서로는《군주론》,《피렌체사(史)》등이 있다.

《군주론》을 쓴 마키아벨리 자신은 군주가 아니었다. 피렌체 공화국의 서기관으로서 외교를 담당했을 뿐이었다.

당시 이탈리아는 약소국들이 대립하며 정치가 불안정했다. 그런 상황을 피부로 느낀 마키아벨리는 외교관으로서 다른 나라의 군주를 관찰하면서 리얼한 정치사상을 형성해 갔다. 그래서 목적을 위해서라면 수단을 가리지 않는 권모술수의 '마키아벨리즘'이 그의 사상이 된 것이다.

마키아벨리즘의 전형이라고 할 수 있는 것이 '군주는 무서운 존재여야만 한다'는 주장이다. 냉혹한 인간이라는 평가는 신경 쓰지 말아야 한다고 했다.

그러면 필연적으로 군주는 고독한 존재가 될 것이다. 하지만 그것을 견디지 못하면 자신의 위치뿐 아니라 국가 전체도 위기에 빠지게 된다.

리더는 고독한 존재다. 그러나 그 고독은 리더인 까닭에 가져야 하는 것이고, 나아가서는 자신이 책임질 사람들을 위한 것이다.

고독이 싫다면 리더 자리에서 내려오면 된다. 많은 사람과 어울리며 자신의 운명을 누군가에게 맡기면 된다. 그러는 편이 훨씬 편할 것이다. 하지만 그렇게 사는 것이 좋은 인생일까?

누구나 어떠한 형태로든 리더가 된 적이 있을 것이다. 항상 모든 것을 타인에게 맡기는 사람은 없기 때문이다. 회사에서는 평사원이더라도 지역에서는 마을 회장이라거나, 적어도 집에서는 아버지로서 리더십을 발휘해야 한다거나 하는 식으로 누구에게나 리더가 되는 상황은 생긴다.

철학자에게 고독을 배우다

그럴 때 리더십을 제대로 발휘하는 사람이 되기 위해서는 역시 고독을 각오할 필요가 있다.

어쩌면 실제로 고독을 연습하는 편이 좋을지도 모른다.

아무에게도 의지하지 않고 혼자 판단을 내리는 것은 쉬운 일이 아니다. 그 결과가 누군가에게 미움을 사게 되는 것일지도 모른다. 그런 일을 연습 없이 하기란 매우 어려울 것이다.

고독 속에서 쉬어야 한다고 말한 아우렐리우스

인간이 숨을 장소로서 자기 자신의 영혼 이상으로 한적한 장
소도 편안한 장소도 없기 때문이다. 특히 자신의 내부를 들여
다보며 오롯이 쉬는 것을 '원칙'으로 하는 사람에게 있어서는
더욱 그렇다.

—《명상록》

마르쿠스 아우렐리우스(121-180)
로마 황제. 스토아 철학 등 학식이 뛰어나 로마 5현제로 칭송된다. 금욕주의를 미
덕으로 삼았다. 저서로 《명상록》이 있다.

처음 이 문장을 읽었을 때는 "뭐야, 은둔형 외톨이를 장려하는
건가?" 싶어서 깜짝 놀랐다. 아우렐리우스는 사람은 피곤할 때 바
다나 산으로 숨기 쉽지만 정작 숨어야 할 곳은 자신의 영혼 속이

철학자에게 고독을 배우다

라고 말한다. 영혼 이상으로 편안하게 쉴 곳은 없다면서.

여기서 말하는 숨는다는 것은 결코 부정적인 의미가 아니라 휴식의 기회를 의미한다. 아니, 실제로 숨는다는 행위는 그러한 일일 것이다. 내 경우는 그 기간이 길었기 때문에 결코 좋은 의미로 생각할 수 없지만, 단기간의 휴식이라면 누구도 부정하지 않을 것이다.

실제로 아우렐리우스도 그렇게 말했다. 숨어 지내는 시간은 기본적으로 짧아야 한다고.

그렇다. 숨어 지내는 것이 휴식을 의미한다면, 그 시간이 너무 길어지면 자신을 재생시킬 수 없다. 가능한 한 짧게 숨어야 한다. 그렇다면 영혼 속에 숨는 것이 도움이 될 것이다. 물론 그때는 물리적으로 다른 사람들과 접촉을 끊어야 한다.

그것은 아무 문제도 되지 않는다. 계속 누군가와 또는 사회와 접점을 가져야 한다는 법은 세상에 없으니까. 하지만 아마도 자신이 불안해질 것이다. 그래서 사람은 억지로 계속해서 접점을 찾는 것이다. 그러나 그 어중간한 행위가 영혼 속에 숨는 것을 방해한다.

인간은 나약한 동물이다. 마음도 몸도 쉬지 못하면 앞으로 나아가지 못한다. 그럴 때는 용기를 내어 숨어야 한다.

그렇게 고독 속에서 날카로운 칼을 갈면 비로소 새로운 한 걸음을 내디딜 수 있게 된다.

　이를테면 1년 정도 휴직하는 사람이 있다. 그러나 똑같이 쉬어도 복귀했을 때 금방 적응하는 사람과 그렇지 못한 사람이 있다. 그 차이는 무엇일까? 분명 긍정적인 고독을 선택한 사람과 그렇지 않은 사람의 차이일 것이다.

　긍정적인 고독을 선택하고 그 후에도 건강하게 사회에 나갈 수 있으려면 항상 한발 앞서 선택해야 한다. 어차피 고독해질 거라면 어쩔 수 없이 고독으로 내몰리는 것보다 진취적으로 고독을 선택하는 편이 좋다. 그것이 인생을 적극적으로 살아가는 방법이다.

명상의 고독을 전한 유발 하라리

명상은 현실에서 도피하는 것이 아니다. 현실에 더 가까이 가
는 것이다. 하루 최소 두 시간 동안 나는 실제로 실체를 있는
그대로 관찰한다. 다른 스물두 시간은 이메일과 트윗, 귀여운
강아지 동영상에 휩싸여 지낸다.

—《21세기를 위한 21가지 제언》

유발 하라리(1976-)

이스라엘의 역사학자이자 철학자. 역사학의 입장에서 AI와 데이터주의 등 현대
의 다양한 문제에 대해 지적하고 있다. 저서로는《사피엔스》,《호모 데우스》등
이 있다.

이제 현대 철학자의 말을 들어 보자.《사피엔스》와《호모 데우
스》의 저자로 한 시대를 휩쓴 유발 하라리다. 그는 원래 역사학자
이지만《호모 데우스》출간 이후에는 미래 예언자가 되었다. 또한

위에서 인용한 최근의 저서를 통해서는 철학자라는 명칭이 더해졌다.

하라리는 명상가이기도 하다. '21가지 제언' 중 마지막 항목이 바로 명상인데, 그는 자신의 실제 경험을 담아 그 의식에 대해 자세히 기술해 놓았다.

그가 실천하는 명상은 '위파사나'다. 이것은 여느 명상처럼 책상다리로 앉아 눈을 감고 마음을 비우는 것으로부터 시작한다. 마치 아무것도 하지 않는 것처럼. 그래야 자신에게 일어나는 순간순간의 현상을 관찰할 수 있기 때문이다.

처음에는 코로 들이쉬고 내쉬는 호흡에 집중하고, 다음에는 몸 안의 감각에 집중한다. 그렇게 하면 비로소 외부 세계에 반응하지 않고, 어디까지나 자신의 신체 감각에 반응할 수 있다.

그러면 도대체 명상으로 무엇을 얻을 수 있을까? 하라리에 의하면, 자기 자신과 다른 사람에 대해서 지금까지 배운 그 모든 것보다 더 많은 것을 배울 수 있다고 한다. 그 경험이 없었다면 《사피엔스》도 《호모 데우스》도 쓰지 못했을 거라고 그는 말한다.

아마 그것은 사실일 것이다. 왜냐하면 하라리의 명상은 다른 철학자들도 주장한 긍정적인 고독의 한 가지 실천방법이기 때문이다.

하라리는 적어도 매일 두 시간씩 명상을 하며 고독한 시간을 보낸다. 조금 더 길게 명상할 때도 있다고 한다. 그는 이렇게 매일 자신과 마주하는 시간을 갖는 것이다.

명상이기 때문에 잡념을 버려야 하는데, 자신이라는 존재를 있는 그대로 관찰하는 것은 본래의 나와 마주하는 행동이기도 하다. 게다가 평소에는 의식하지 못했던 내 모습이 보이는 것이기 때문에, 어쩌면 그 모습은 나의 본질이라고 말해도 좋다.

그렇다 하더라도 AI의 위험성과 데이터주의를 비판하는 하라리가 왜 명상을 추천하는 것일까? 그것은 우리의 정체성을 알고리즘이 결정하기 전에, 본인이 결정해야 한다고 생각하기 때문이다. 하라리는 그 하나의 수단으로 명상을 꼽은 것이다.

생각을 통해 나를 알아 가는 것도 하나의 방법이지만, 굳이 생각을 버려서 지금까지 알지 못했던 진짜 내 모습을 발견하는 것도 나를 알기 위한 또 하나의 방법이다.

이 점에서는 명상의 의의를 떠나 하라리의 주장에 일리가 있다고 생각한다.

7 스텝

긍정적인 고독 레슨

5

실천! 고독을 강력한 힘으로 전환하는 방법

단계적으로 나아가자

앞의 내용을 통해 긍정적인 고독의 좋은 점은 잘 알았을 것이다. 이제 문제는 어떻게 해야 그 경지에 오를 수 있느냐 하는 것이다.

많은 사람들이 고독을 두려워한다. 그 두려운 존재와 친해지기까지는 어느 정도 시간이 걸린다. 그래서 나는 부정적인 고독을 긍정적인 고독으로 서서히 바꾸어 가는 방법을 전해 주려 한다. 즉 단계적으로 트레이닝하는 방법이다.

이 장에서는 내 경험도 포함한 7스텝을 소개한다. 모두 내가 실천한 방법들이다.

좋아하는 일 찾기

혼자 하는 취미

고독을 연습하기 위해 먼저 좋아하는 일을 찾으라고 하면 조금 의외라고 생각할지도 모르겠다. 그러나 이렇게 하면 보다 쉽게 접근할 수 있다. 그래서 긍정적인 고독의 첫 번째 단계로 꼽은 것인데, 말하자면 고독의 사전준비라 할 수 있다.

즐거움은 동기의 원천이 된다. 일반적으로 고독은 따분한 것이라고 생각하기 쉬운데 그런 지루한 기분을 없애고 즐거움을 찾아보는 것이다. 즐거운 일을 싫어할 사람은 없으니까 말이다.

딱히 즐길 만한 것이 없어도 평온한 상태로 있는 것이 가장 이상적이지만, 역시 처음에는 그렇게 있을 수 없다. 무언가 즐길 만한 것이 있어야 편하게 시작할 수 있을 것이다.

이를테면 적당한 취미를 가져 보면 어떨까? 다만 '혼자 하는 것'이 전제다.

운동

단체운동은 도움이 되지 않겠지만 여기서 내가 말하는 것은 조깅이나 웨이트 트레이닝이니 전혀 문제 되지 않는다. 조깅이나 웨이트 트레이닝은 누군가에게 방해받지 않고 혼자 해야 오히려 즐거움이 늘어난다.

나는 평소에 너무 바빠서 볼 수 없었던 유튜브 영상을 보면서 운동을 한다. 러닝머신으로 운동을 할 때는 유튜브 시청이 가능하다. 이것은 예전에 아이들이 TV를 보면서 공부했던 것과 비슷한 느낌인데(지금은 TV를 보는 아이들이 줄었지만) 그렇게 하면 혼자 달리는 시간이 즐거워진다.

나는 이렇게 달리면서 유튜브 영상을 보지만, 때로는 그 시간을 이용해 나 자신과 마주하기도 한다. 중요한 것은 혼자만의 시간을 습관적으로 갖는 것이다. 그 습관을 만들면 나와 마주할 수도, 고독을 긍정적으로 전환할 수도 있다.

어쨌든 혼자 있는 시간을 습관화하는 것이 필요하다. 운동 자체가 아니라, 그 운동을 계기로 하여 습관을 만들어 보라는 것이다.

단체운동도 혼자 연습할 수 있지만, 그 목적이 고독 연습이라면 단체운동보다 개인운동이 낫다. 나도 한때 테니스에 빠진 적이 있었는데 벽에 대고 공을 치는 것만으로는 부족해져서 같이 경기할 상대를 갖고 싶었다.

운동은 누군가와 함께하는 스트레스에서 벗어나는 것이 목적이다. 그러니 마라톤이나 등산 또는 요즘 유행하는 볼더링과 같이 자신이 평소에 하고 싶었던 혼자 하는 운동에 도전해 보면 좋을 것이다. 사실 모두 내가 앞으로 혼자 하고 싶은 운동들이다.

독서 · 공부

독서나 공부는 당연히 혼자 할 수 있다.

친구들과 독서모임을 하지 않으면 책을 읽을 수 없고, 친구와 함께 도서관에 가지 않으면 공부가 안 되는 사람도 물론 있을 것이다. 나도 대학생 때는 그랬다. 그러나 지금 나에게는 혼자 공부하는 것이 긍정적인 고독을 얻기 위한 가장 좋은 방법이자 강력한 무기가 되었다.

방에 틀어박혀 공부하는 것이 싫거나 시끄러운 곳에 가야만 아이디어가 샘솟는 사람은 혼자 카페에 가면 된다. 카페가 좋은 이유는 시각과 청각에 변화를 줄 수 있기 때문이다. 문득 눈에 들어오는 카페의 풍경이나 귀에 들어오는 음악 소리가 창조력을 키워 준다.

그래서 나도 카페에 가서 책을 읽거나 글을 쓸 때가 많다. 이럴 때 작은 소음은 BGM 같은 것이라 아무런 문제가 되지 않는다. 다만 지인이 많은 카페는 추천하지 않는다. 사람들이 말을 걸어 오면 좀처럼 집중할 수 없기 때문이다.

나는 오늘도 카페에 가서 혼자 글을 쓸 것이다.

영화·드라마 보기

영화나 드라마를 보는 것도 혼자서 할 수 있는 일이다.

데이트라면 둘이서 영화를 보겠지만, 그것은 데이트가 주목적이지 영화가 주는 아니다. 따라서 영화에 집중할 수 없다. 나는 감동적인 장면에서 곧잘 울기 때문에 누군가와 같이 영화 보는 것을 싫어한다. 주변을 의식하면 영화를 즐길 수 없기 때문이다.

드라마는 보통 집에서 보기 때문에 혼자가 기본이다. 내 경우는 한국 드라마를 매우 좋아해서 그것만 있으면 몇 시간이나 혼자 있을 수 있다. 다만 바빠서 몇 시간씩 드라마를 볼 수는 없지만, 적어도 하루에 한 편은 본다. 한국 드라마를 계기로 K-팝을 듣고, 한국 요리를 만들고, 한국어 공부도 하게 되었다. 그 덕분에 혼자 있는 시간은 더욱더 충실해졌다.

최근에는 인터넷으로 볼 수 있는 해외 드라마가 늘어났다. 내 주변에도 러시아어를 좋아해서 러시아 드라마를 보는 사람이 있다. 자신이 좋아하는 나라의 드라마를 보면 그 나라의 문화나 언어도 공부할 수 있어서 일석이조라고 나는 생각한다.

각자 취향에 맞는 드라마를 찾아보는 것은 어떨까?

혼술

회식은 아무래도 사람들과 함께할 수밖에 없다. 그러나 혼술은 우리에게 더할 나위 없는 즐거움을 준다. 쓸데없이 사람들과 어울리지 않아도 된다.

사람들과 어울려 술을 마시다 보면 과음을 하게 되고, 스트레스가 쌓였을 때는 말다툼도 벌어진다. 그렇지만 혼술을 하면 모두 내 마음대로 할 수 있다. 다른 사람에게 맞출 필요도 없고, 억지로 과음을 할 필요도 없다. 그리고 당연히 말다툼도 일어나지 않는다.

나는 매일 밤 한잔씩 하지만 사람들과 어울려 마시고 싶은 생각은 없다. 그저 하루의 피로를 풀기 위한 것이기 때문이다.

혼술을 즐기면 술뿐만 아니라 안주에도 공을 들이게 된다. 이것 또한 취미가 되는 것이다. 나는 요즘에 칵테일이나 에스닉 푸드를 만들기 시작했다.

산책하며 사색 즐기기

　이렇게 보면 나는 정말로 혼자 보내는 시간이 많다는 걸 짐작할 수 있을 것이다. 운동, 독서, 한국 드라마, 술과 안주. 이것만 있으면 혼자만의 시간을 알차게 보낼 수 있다.

　누군가와 무언가를 같이 하면 내 페이스가 무너지기 쉽다. 그래서 나는 사람들과 함께 있는 것보다 혼자 있는 것을 오히려 더 좋아한다. 나에게 대인기피증이 있는 것이 아니라, 어디까지나 혼자 있는 시간을 즐기는 것뿐이다.

　이 정도면 충분하지만, 혼자만의 시간의 궁극적인 목적은 '생각'이다. 사색을 즐길 수 있게 되면 사람은 얼마든지 혼자 있을 수 있다.

　그리고 사실 혼자 있는 시간의 가치는 생각에 있다고 해도 과언이 아니다. 생각하는 데에는 상당한 집중력이 필요하고, 그렇기 때문에 혼자만의 시간이 필요하다.

　생각 훈련으로 내가 추천하는 방법은 '산책'이다. 산책을 습관화하여 그 시간을 즐겨 보자.

　산책 시간은 어떻게 즐기면 될까? 물론 풍경을 즐기거나 새로운 장소를 찾아내는 방법도 있을 테지만, 생각을 즐기는 것이 무엇보다 좋다. 그러면 혼자 산책하는 시간 자체가 즐거워질 것이다.

사실 산책은 생각하는 데 매우 도움이 되는 활동이다. 몸의 움직임과 주변 풍경의 변화가 두뇌 회전을 활발하게 해주기 때문이다.

실제로 고대 그리스의 소요학파는 걸어 다니며 수업을 했고, 독일의 철학자 칸트는 산책을 즐긴 것으로 유명하다. 일본에서도 교토학파의 니시다 기타로가 사색하며 산책한 길이 '철학의 길'로 관광명소가 되었다.

우리도 나만의 철학의 길을 만들어 보자.

정보에서 벗어나기

SNS는 그만

다음으로는, 지금까지 해온 일들을 몇 가지 끊어 보자. 내가 가장 추천하는 것은 SNS를 잠깐 쉬거나 아예 그만두는 것이다.

SNS에 댓글을 달거나 '좋아요'를 누르는 것을 귀찮아하는 사람들도 많다. 이른바 'SNS의 폐해'다. 그러나 그만둘 수 없는 것이 현실이다. 특히 젊은 사람들 중에는 친구들이 올린 사진에 반응하지 않으면 친구 관계가 끊어질까 봐 두려워하는 이들도 있다. 하지만 그 정도로 쉽게 끊길 우정이라면 진정한 우정이 아니다. 필요하다면 SNS가 아니라 직접 연락하면 된다.

일도 마찬가지다. SNS로 메시지를 전달하거나 커뮤니케이션하면 편하고 좋은 면이 있는 것도 사실이지만, 그만큼 자신의 시간을 희생해야 한다는 사실을 잊지 말아야 한다.

SNS에서 하는 중얼거림은 그곳이 오픈된 장소인 이상 사람을 의식할 수밖에 없다. 그런 의미에서 진정한 의미의 중얼거림이라고 할 수 없다.

중얼거림은 자신을 향하는 것이다. 자기 생각이 언어가 되어 나온 것이다. 나와 마주하기 위해서는 이렇게 자기 자신과 대화해야 한다.

타인이 아닌 나와 마주하려면 진정한 중얼거림이 필요하고, 어차피 중얼거릴 거라면 일기를 쓰는 편이 낫다.

SNS는 다른 사람의 정보를 얻기에는 유용하지만 내 정보를 얻을 수는 없다. 내 정보를 얻는 방법으로는 일기가 최고다.

나는 비망록과 같은 의미로 일기를 쓴다. 그날 어떤 일이 있었는지는 수첩을 보면 알 수 있기에 일기에는 주로 내가 느낀 것이나 생각한 것을 써 넣는다. 특별한 일이 있을 때는 특히 의식적으로 일기를 쓴다. 일기는 기사나 책을 쓸 때도 도움이 되지만, 그것 이상으로 나라는 사람을 객관적으로 바라볼 수 있게 한다.

가끔 일기를 다시 보면 평소에 알지 못했던 나의 모습과 잊고 있었던 내 모습을 발견하게 된다. 시간을 두고 객관적으로 볼 수 있기 때문이다. 그런 의미에서 보면 일기는 쓸 때도 나와 마주하게 되지만, 나중에 다시 읽을 때는 더 깊이 나 자신과 마주할 수 있다.

일기를 다시 읽는 것은 대부분 무언가 고민이 있을 때이고, 그럴 때 나 자신에 대한 객관적인 정보가 큰 도움이 된다.

정보는 마약 같은 것이다

여기서 내가 말하는 '정보에서 벗어난다'는 것은 타인의 정보에서 벗어나는 것을 의미한다. 유감스럽지만 타인의 정보를 얻는 것과 내 정보를 얻는 것은 반비례 관계라고 할 수 있다. 따라서 세상의 정보에서 멀어져야 한다.

우리는 진짜 나를 알고 있을까? 내가 나를 가장 잘 안다는 말은 거짓이다. 누군가에게 "너는 어떠어떠해."라는 말을 듣고 깜짝 놀란 적이 있을 것이다. 우리가 자신을 잘 알지 못한다는 증거다.

스스로를 분석할 기회는 대학생이 취업활동을 할 때, 또는 직장인이 회사를 옮길 때밖에 없다. 그래서 우리는 나라는 인물이 어떤 성격을 가졌는지 잘 알지 못한다. 정확하게 말하면 너무 바빠서 그런 것을 분석할 시간이 없다.

그것은 매우 안타까운 일이다. 나에게 무엇이 필요한지도 모르고 무작정 살아가는 것이기 때문이다.

이런 의미에서 보면 정보는 유익한 것이 아니라 오히려 유해한 것이라고 할 수 있다. 나에게 정말 소중한 것을 얻지 못하게 방해를 하고 있으므로.

이러한 이유에서 나는 굳이 시대의 흐름을 역행해 정보에서 멀어지라고 하는 것인데, 그 진의를 몰라주는 사람들이 있다. 정보화 사회를 살아가면서 그렇게 하면 불리해질 뿐이다, 디지털에

약한 사람의 변명일 뿐이라고 말하는 이들도 있다.

또는 정보가 너무 많으면 그로 인한 폐해가 있는 것은 알고 있지만 그것이 없으면 지루하다고 말하는 사람도 있다. 그래서 할 일이 없어 따분하면 곧장 인터넷 쇼핑을 시작한다.

그러나 사람은 어느 정도 지루한 시간에 익숙해질 필요가 있다.

그러지 않으면 정보화 사회의 먹잇감이 되어 버린다. 극단적으로 말하면 정보는 마약과 같은 것이어서 한번 의지하면 그것 없이는 살 수 없게 된다. 내 속이 텅 비어 있기 때문에 내 밖에 있는 정보에 집착하는 것이다.

이럴 때 정보의 질은 아무래도 상관없다. 자극적이면 자극적일수록 좋다. 그래야 지루함이 사라지니까. 그리고 그 정보가 아무리 고액이어도 반드시 손에 넣으려는 사람도 생겨난다.

이렇게 객관적으로 묘사하면 안타까움을 느끼는 사람들도 있겠지만 현대인 대부분이 이런 모습이다. 자신만 모를 뿐. 그래서 자기 자신을 잘 알아야 한다.

고독한 시간을 즐기는 방법으로 앞에서 '독서'를 들었다. 그런데 정보를 얻는 데 있어서 독서와 인터넷의 차이가 무엇인지 궁금해하는 사람도 있을 것이다. 물론 정보라는 의미에서는 같지만

'무엇을 위해 정보를 얻는가' 하는 목적이 다르다.

SNS에서 정보를 얻는 것은 말하자면 남을 의식하는 모습이다. 그렇다면 고독과는 정반대에 있는 것이라 할 수 있다. 그에 반해 독서는 내 마음과 대화하는, 이른바 나를 의식하는 활동이다. 따라서 고독해지기 위해서는 스마트폰의 전원을 끄고 책을 읽어야 한다.

다른 사람 의식하지 않기

타인과 경쟁할 필요는 없다

이제부터는 단숨에 어려워질 것이다. 무언가를 즐기고, 물리적으로 무언가를 하면 되는 것과는 달리 3단계에서는 마음을 컨트롤해야 하기 때문이다.

남을 의식하지 않는다는 것은 마음가짐에 달려 있다. 그런데 그것이 가장 어려운 일이다.

인간에게는 욕심이 있다. 욕심은 어디서 나오는 것일까? 바로 비교로부터 나오는 것이다.

심리학자 알프레트 아들러는 타인과 비교하지 않으면 행복해진다고 말했다. 이것은 누구나 알고 있는 사실이다. 우리가 괴로운 이유는 무리한 경쟁을 하고 있기 때문이다.

반드시 이기는 경쟁에서는 아무도 괴로워하지 않는다. 아니, 반드시 이길 거라면 애초에 경쟁 자체를 하지 않을 것이다. 사람은 자신에게 없는 것을 탐내고, 그것이 손에 들어오지 않을수록 더 많이 집착한다. 경쟁이란 그런 것이다.

부자가 되고 싶다, 명품을 갖고 싶다, 예뻐지고 싶다 등등. 이러한 욕심이 있기 때문에 노력하는 것이지만, 쉽게 잡히지 않아 괴로워하기도 한다.

사람은 항상 누군가와 경쟁하고 있어서 고독을 즐기지 못하는 거라고 말해도 과언이 아니다.

만약 이 세상에 나만 존재한다면 누군가와 경쟁할 필요는 사라질 것이다. 그렇다면 어떻게 될까? 분명 사람은 자기 자신과 경쟁할 것이다.

인간은 살아 있는 존재다. 살아 있다는 것은 발전이나 성장을 의미한다. 즉 앞으로 나아갈 수 있다는 뜻이다. 그 원동력이 되는 것이 이상이다. 사람은 이상을 향해 나아간다.

그때 만약 자신보다 뛰어난 누군가가 눈에 들어온다면 아마도 그 사람이 자신의 이상이라고 착각할 것이다. 그러면 그 사람을 이기는 것만이 목표가 된다. 하지만 애초에 그것은 착각이었다.

우리가 해야 할 일은 자신의 이상을 좇는 것이다. 그것은 타인과의 경쟁이 아니라 나와의 경쟁이다.

이를 깨닫는 순간부터 우리는 고독을 받아들일 수 있게 된다. 고독해져야 비로소 사람은 앞으로 나아갈 수 있기 때문이다.

타인과 비교하는 동안에는 앞으로 나아갈 수 없다. 경쟁이란 앞으로 나아가지 못하도록 서로의 발목을 붙잡는 행위다.

아들러도 남과 비교하지 말고 자신의 이상을 좇으라고 말했다.

그것이 성장의 조건이라고.

고독은 타인과의 경쟁을 그만두고, 자신의 이상을 좇는 여행의 시작을 의미하기도 한다.

나도 젊었을 때는 줄곧 그랬다. 항상 남과 비교하고, 남을 이기는 것을 목표로 했다. 그래서 그 사람을 이기면 만족해하고, 나머지는 〈토끼와 거북이〉의 토끼처럼 여유를 부렸다. 정신을 차려 보니 거북이는 전부 새로운 인생의 무대로 나아갔는데 나만 여전히 낮잠을 자고 있는 슬픈 상황이었다.

시험에 합격해 좋은 대학에 들어간 후에도 그랬고, 대기업에 들어간 후에도 마찬가지였다. 항상 남과 비교하고 다른 사람을 이기는 것만이 목적이었다. 그래서 문득 정신을 차려 보면 나는 항상 뒤에 남아 있었다.

결국 큰 실패를 경험하고 치가 떨리도록 부정적인 고독을 맛본 후에야 나는 이것을 깨달았다. 중요한 것은 비교나 경쟁이 아니라 내 이상을 좇는 것임을.

내 경우 철학과의 만남, 그리고 여러 경험 덕분에 무엇이 중요한지 알게 되었지만, 보통은 거북이에게 져서 평생 울며 지내는 토끼가 되는 결론이다. 그렇게 되지 않기 위해서라도 제발 타인과의 비교를 그만두고 하루라도 빨리 긍정적인 고독을 손에 넣길 바란다.

내 길을 가야 한다

다른 사람과 계속 비교하다 보면 상식이라는 것에 사로잡히게 된다. "모두 이렇게 하고 있어." "모두들 이게 좋다고 생각해." 이 같은 '모두 환상'에 빠지는 것이다.

도대체 '모두'는 누구일까?

어렸을 때 "모두 그렇게 말했어." "모두 갖고 있단 말이야."라는 말로 부모님을 곤란하게 만든 적이 있을 것이다. 실은 '모두' 따위는 없는데도 불구하고 말이다. '모두'는 변명 같은 말이다. '모두'라고 말하면 자신이 정당화된다.

일본에는 모두와 같은 것이 좋다는 분위기가 있다. 그러나 그 것은 자신의 개성을 스스로 어누르는 나쁜 풍조이기도 하다.

모두와 같다는 것은 어떤 의미에서는 안전을 뜻한다. 따돌림당할 일도 없고, 자신의 말과 행동을 책임질 일도 생기지 않는다. 그러나 모두와 같으면 자신의 개성은 키울 수 없다. 마치 모두와 똑같은 색을 띤 것처럼 대다수의 일원으로 개성 없는 인간을 연기해야 한다.

인생을 진정으로 즐기기 위해서는 설령 눈에 띄더라도, 다소 귀찮더라도 사람들에게 둘러싸여서는 안 된다. 남이 뭐라고 하든 내가 하고 싶은 것을 해야만 한다.

그러기 위해서는 남을 의식해선 안 된다. 내 길을 가야만 한다. 어쩌면 그것이 고독한 길일지라도.

인정받는 것보다 내가 무엇을 하고 싶은지

확실히 사람에게는 인정욕구가 있다. 누군가에게 인정받고 싶다, 회사에서 인정받고 싶다는 욕구 말이다. 인정욕구는 필연적으로 다른 사람과의 비교 속에서 나타나는 감정이다. 따라서 인정욕구를 채우기 위해서 더 많은 비교를 하게 된다. 그러나 애초에 인정을 바라면 안 되는 것이 아닐까?

도대체 왜 사람들은 타인의 인정을 바라는 것일까?

우리는 모두 자유로운 사람들이다. 독립된 개인이지 누군가의 노예가 아니다. 누군가가 인정해 주지 않아도 당당하게 있으면 된다.

나아가, 누군가에게 인정을 바라는 것은 비굴한 생각이기도 하다.

20세기 프랑스의 철학자 장 폴 사르트르는 역사상 최초로 노벨상을 거절한 인물로 알려져 있다. 나는 그 이야기를 들었을 때 같은 철학을 업으로 하는 인간으로서 그의 위풍에 넋을 잃은 동시에 나 자신이 부끄러웠다.

당시 나에게 노벨문학상을 준다고 했다면 너무 기쁜 나머지 돈을 주고서라도 받으려고 했을 것이다. 그러나 사르트르는 달랐다. 그는 살아 있는 권위자가 되고 싶지 않아 노벨상을 거절한 것이지만, 남에게 인정받아 만족하는 인생이 아니라 자신이 이해할 수 있는 인생을 보내고 싶다는 뜻이 표출된 것인지도 모른다.

그런 의미에서 사르트르는 대단한 인물이라고 생각한다. 인정을 바라기는커녕 누군가에게 미움을 사도 평온했다. 그것만큼 강한 힘은 없다.

특히 일본인은 남의 눈치를 잘 살핀다. 평가에 민감하기 때문이다. 그리고 지금은 더더욱 평가의 시대가 되었다. 무언가 눈에 띄는 행동을 하면 곧바로 인터넷으로 평가를 받게 된다. 즉 내 행동에 대해 누군가가 이러쿵저러쿵 말하는 것이다. 설령 유명인이 아니라 해도.

그러나 남의 평가를 신경 쓸 필요 없다. 직장상사나 선생님이라면 몰라도, 얼굴도 모르는 사람이 나의 말과 행동을 평가하는 것이라면 전혀 신경 쓸 필요 없다. 나는 어느 때부터인가 인터넷상의 평가나 댓글 또는 조사결과조차 신경 쓰지 않게 됐다. 기본적으로는 그런 것들을 보지 않는다.

직업상 어쩔 수 없는 경우에는 보지만, 사람들의 생각은 다양하니까 그다지 참고하지는 않는다. A가 좋다는 사람도 있고, B가 좋다는 사람도 있다. 즉 그런 것을 봐도 결국 최종 선택은 내가 하는 것이다. 어떤 의견이 많은지는 참고하더라도, 다수파가 반드시 정답이라고는 할 수 없고, 무엇보다 내가 하고 싶은 대로 하는 것이 가장 중요하다고 생각하기 때문이다.

이것은 반드시 독선을 의미하지는 않는다. 독선이란 문제가 있는 상황임에도 불구하고 바꾸려 하지 않는 것이다. 이런 경우에는 따로 평가를 살필 필요도 없다. 이미 문제가 생겼으니까.

　문제가 생기지 않았을 때는 군이 남을 신경 쓸 필요 없다. 긍정적인 고독을 손에 넣기 위해서는 그 정도의 대담함이 필요하다.

별점으로 판단하지 않는다

다른 사람을 의식하지 않도록 연습하는 좋은 방법이 있다. 그것은 모든 것을 별점이나 댓글을 보고 판단하지 않는 것이다. 자신뿐만 아니라 모든 것에 대해서 말이다.

평가의 시대에는 모든 것이 수치화되어 있다. 가게의 추천상품부터 일의 성과까지.

이를테면 식당을 고를 때도 별점이나 입소문 등을 믿지 말아보자. 자신이 좋다고 생각하면 그만이다. 물론 놓치는 부분이 생길지도 모르지만 남의 평가를 의식하는 사람이 되는 것보다는 훨씬 좋을 것이다.

이것은 2단계에서 강조한 SNS 등의 '정보에서 벗어나기'와도 연결되는 것이다.

우선 '다른 사람은 어떻게 생각하는지' 신경 쓰고 걱정하는 버릇을 떨쳐 내 보자.

거절하기

모든 부탁을 들어주는 사람

점점 단계가 높아지고 있지만, 다른 사람과 비교하지 않고 인정욕구를 버리면 다음 단계도 쉽게 할 수 있다. 바로 '거절'이다.

누군가의 부탁을 들어준다는 것은 나의 시간과 에너지를 그 사람에게 쏟아붓는 것을 의미한다. 생계 때문에 어쩔 수 없는 부분도 있지만 단순히 인간관계 때문이라면 그만 멈추는 것이 좋다.

이를테면 자신에게 플러스가 되는 회식이라면 참석해도 좋지만, 그것도 어느 정도 목적이 있을 때만이다. 무언가 도움이 된다는 차원에서 사람을 만나면 내 시간을 아무리 써도 아깝지 않다.

물론 젊었을 때는 경험도 중요하다. 그러나 30대가 넘어가면 그런 경험은 필요 없게 된다.

그런 의미에서 보면 일도 거절할 용기가 필요하다.

가만히 있으면 일은 늘어난다. 안타깝지만 세상에는 부탁의 달인들이 많이 있다. 그런 일들을 전부 내가 도맡으면 어떻게 될까? 우선은 그 일들을 다 해내지 못할 것이다. 설령 그렇지 않더라도 내 시간은 확실히 사라질 것이다.

나도 30대부터 40대 후반까지는 예스맨을 자청하며 모든 부탁을 받아 주었다. 원래 예스맨이란 윗어른이나 상사를 무비판적으로 추종하는 사람을 말한다. 그 때문에 부정적인 뉘앙스를 품고 있지만, 나는 그것을 긍정적인 시각으로 재정의하고 싶었다. 즉 모든 것을 적극적으로 받아들이는 행동으로 나의 입지를 높일 수 있다고 생각했다. 그래서 실제로 어떠한 부탁도 거절하지 않고 받아들였다.

그것도 나름 괜찮은 생각이었다. 하지만 수십 년을 매일 그렇게 살다 보니 어느 날 문득 의문이 들었다. 내가 진짜 하고 싶은 게 무엇일까 하고.

사람들의 부탁을 열심히 다 들어준다, 그리고 성과를 올린다. 세상 사람들에게는 내가 하고 싶은 일을 하는 것처럼 보였을 것이다. 그러나 실제로는 그렇지 않았다. 나는 그저 부탁받은 일을 실수 없이 처리했을 뿐이다. 심하게 말하면 '거절을 못하는 인간'이 되어 버린 것이다.

내가 이렇게 말하면 "아니, 당신은 충분히 성공했어."라고 용기를 주는 사람들이 많지만, 사실을 알고 있는 사람은 나 자신뿐이다. 솔직하게 말해 나는 많은 시간을 수동적으로 보냈다. 바꿔 말하면 일을 해치우기에 급급했다. 마치 할당량을 채우려는 것처럼.

그것을 안 순간 나는 예스맨에서 졸업하기로 결심했다.

기본은 NO로 한다

물론 지금까지의 내 행동이 틀렸다고는 생각하지 않는다. 인간에게는 "Yes, we can."이라고 말하며 모든 것을 받아들이는 시기가 필요하다.

이 슬로건은 오바마 대통령보다 먼저, 내가 처음 입사한 회사에서 채택하고 있었다. 먼저 고객에게 할 수 있다고 말하고, 그러고 나서 방법을 생각하라는 것이었다. 고객에게는 그것이 고마울 테고, 우리도 어떻게든 방법을 찾아낼 수 있으니 서로에게 윈윈이다.

그러나 개인의 인생으로 생각하면 결코 그렇지 않다. 그런 태도를 평생 계속해야 한다면 몸이 견디지 못할 뿐만 아니라 자신과 마주하는 시간도 가질 수 없게 된다. 따라서 어느 시점에는 'NO'라고 말해야 하는 것이다.

내 경우는 50세 전에 그 시기가 찾아왔다. 인생의 한정된 시간을 유효하게 보내기 위해서는 선택을 해야만 했기 때문이다.

나만 할 수 있는 일이라면 아무리 시간을 많이 들여도 괜찮지만, 그렇지 않은 일이라면 NO라고 말하기로 했다.

다른 이들도 마찬가지일 것이다. 내가 아닌 다른 사람이 해도 좋은 일이라면 굳이 내가 나서서 할 필요는 없다. 그것보다 나와 마주하는 시간을 가지며, 조금 더 중요한 것을 찾는 노력을 하는 편이 더 낫다.

그러나 거절하지 못하는 사람들 중에는 그런 성격 때문에 어쩔 수 없는 경우가 많다. 내가 그랬기 때문에 잘 알고 있다. 어떻게 해야 할지 망설이는 동안에 언제나 부탁을 받아들이게 되고, 그 결과 모든 것을 떠안게 된다.

이런 사태를 피하기 위해서는 기본은 'NO'로 하면 된다. 그러면 단숨에 부탁이 줄어들 것이다. 그런데도 계속 부탁해 올 때는 그때 가서 생각하면 된다.

단, 업무량을 늘리고 싶은 사람이라면 예외다. 어디까지나 나처럼 내 시간을 확보하기 위해 일을 줄이고 싶은 사람에게만 해당하는 이야기다.

무리하게 일을 맡지 않는다

그렇게 매번 거절하면 일이 끊길지도 모른다고 걱정하는 이들이 있는데, 모든 것을 그럭저럭 해내는 사람보다 좋은 일을 선택해서 질 높은 성과를 내는 사람이 더 좋은 평가를 받을 때도 있다.

물론 양쪽 다 장단점이 있다. 이것은 일하는 스타일의 문제다. 말하자면 대량생산 타입인가, 장인 타입인가.

내 시간을 확보하는 것을 중시하는 사람이라면 단연 장인 타입이다. 여기서 말하는 장인이란 자신의 일에 집중해서 질 높은 성과를 내는 사람을 가리킨다.

그들은 일을 선택한다. 장인 타입은 무리하게 일을 도맡지 않는다. 나와 마주하는 시간을 가지면 일의 질도 올라간다는 것을 잘 알기 때문이다. 따라서 부탁을 거절해도 신뢰를 잃지 않는다.

이를테면 4장에서 소개한 미국의 철학자 에릭 호퍼는 장인 타입의 전형으로 '거절의 달인'이라 할 수 있다. 여하튼 연애는 거절하고, 대학교수 직도 거절한 남자이기 때문이다. 일할 때도 자신이 할 수 있는 양만 선택해서 했다.

그래서 고독한 생활을 즐길 수 있었던 것이다. 물론 그는 아무리 거절해도 인기남이었지만.

혼자 즐길 방법 생각하기

1인용으로 재정비

5단계에 들어서면 더욱 적극적으로 고독을 즐길 수 있게 된다. 여기서부터는 지금까지와 달리 무언가를 그만두거나 거절할 필요가 없다. 이제 혼자 즐기는 방법을 생각하면 된다. 평소라면 사람들과 같이 했을 행동을 이제부터는 혼자 해보는 것이다.

그 어떤 일이든 간에, 얼마든지 혼자 할 수 있다.

지난번에 지역 TV의 정보방송에 출연했을 때 1인용 찜기가 소개된 한 코너가 있었다. 만두나 채소 등을 쉽게 찔 수 있고 세척도 간단한 찜기. 가장 중요한 포인트는 1인용으로 만들어졌다는 점이었다. 가정용 큰 찜기가 아니라 도시락 크기의 1인용 찜기라는 것.

출연자들이 너도나도 그 찜기를 갖고 싶다고 외쳤다. 그만큼 1인 가구가 늘어났다는 뜻일 것이다.

나는 가족들과 같이 살고 있지만 일의 특성상 독립된 시간을 꽤 많이 보낸다. 밤늦게까지 글을 쓸 때가 많기 때문이다. 물론 긍정적인 고독의 시간이지만, 그 시간을 보내려면 이런 아이템들이 필수다.

물건뿐 아니라 다른 모든 것도 1인용으로 재정비해 보면 어떨까? 그러면 혼자 무언가를 하는 것이 즐거워진다. "만약 이것을 혼자 하려면 어떻게 해야 할까?" 하고 생각해 보는 것이다.

이렇게 아주 작은 노력만으로도 혼자 즐길 수 있는 일은 늘어난다. 지금까지는 누군가와 같이 해야 재미있던 일도 혼자 충분히 즐길 수 있다.

캠핑도 마찬가지다. 캠핑은 많은 사람과 어울려서 하는 것이라고 생각하지만 요즘은 혼자서 캠핑을 즐기는 사람이 늘어나고 있다. 그것은 유튜브만 봐도 알 수 있다.

유튜브를 보면 혼자 하는 캠핑은 얼마나 사치스러운 시간인지! 오로지 나를 위해 불을 피우고 고기를 굽는다. 그리고 나를 위해서만 건배를 한다. 이보다 더 멋진 시간은 없을 것이다.

무엇보다 우리는 그 모든 시간에 나 자신과 마주할 수 있다. 혼자 즐기면 쓸데없는 말은 일절 하지 않아도 된다. 다른 사람의 기분을 맞출 필요도 없다. 그저 오로지 진지하게 내 마음속에 귀 기울이면 된다. 이렇게 하면 내일의 일상을 보다 의미 있게 보낼 수 있게 된다. 이것이 바로 긍정적인 고독의 묘미다.

우선은 지금까지 누군가와 함께 하던 것을 "나 혼자 하려면 어떻게 해야 할까?" 생각해 보자. 뭐든지 혼자 할 수 있다. 방법만 조금 바꾸면 된다. 운동도 지금은 기구를 가지고 혼자 하는 시대가 되었다.

요즘은 혼자서 동전노래방에 가는 사람이 많지만 예전에는 그렇지 않았다. 노래방에 가는 목적이 노래 연습이나 스트레스 해소라면 오히려 혼자 가는 편이 좋다는 생각을 하게 된 것이다. 그러면서 혼자 동전노래방에 가는 것이 유행하게 되었다. 이런 식으로 방법뿐만 아니라 목적을 바꾸면 혼자 즐길 만한 것은 무한정 늘어난다.

긍정적인 고독 레슨 7스텝

어떻게 즐겁게 보낼까?

다음으로는 혼자 지내는 계획을 세워 보자.

"만약 혼자 있게 된다면 어떻게 즐겁게 그 시간을 보낼까?"

처음에는 하루, 그다음에는 일주일, 그다음에는 한 달, 그다음에는 1년, 그리고 평생. 이런 식으로 점점 장기적인 계획을 세워보는 것이다.

평생 혼자 지내라고 말하는 것이 아니다. 이것은 어디까지나시뮬레이션이다. 하지만 진짜로 혼자 지내게 되는 시기가 왔을때 그 시뮬레이션이 도움이 될 것이다.

그리고 이 '계획 짜기'는 긍정적인 고독을 손에 넣기 위한 매우좋은 훈련이 된다. 어떻게 하면 고독한 시간을 즐길 수 있을지 상상하는 동안에는 실제로 고독이 사라지기 때문이다. 즉 혼자 즐겁게 지낼 방법을 생각하는 동안에는 정말 혼자 있고 싶어진다.

방법은 간단하다. 항상 누군가와 함께 했던 행동을, 어떻게 하면 혼자 즐길 수 있을지 생각하는 것이다. 이를테면 항상 친구들과 함께 술집을 갔던 사람은 만약 내가 혼자 술집에 간다면 어떤안주를 시킬지 상상해 보라.

혼자 술집에 가면 좋아하는 안주를 마음대로 주문할 수 있고, 그것을 독차지할 수도 있다. 물론 같은 안주를 몇 번이나 주문할수도 있다. 디저트도 다른 사람의 눈치를 보지 않고 지금 당장 시킬 수도 있다. 술집에 머무르는 시간도 내 자유다. 단지 이것만으로도 평소와는 달리 왠지 설레지 않는가?

그렇다. 혼자 즐긴다는 것은 평소와 다른 감각을 즐기는 것이기도 하다. 우리는 싫든 좋든 항상 누군가와 함께 있다. 물론 의리상의 만남도 있을 것이다. 그런 가운데 가끔 혼자 술집에 간다는 것은 어떤 의미에서는 특별한 일이 아닐까?

혼자 즐긴다는 것은 결코 외로운 일이 아니라 특별한 일이다. 나에게 주는 상이라고 말해도 좋다. 애인에게 맛있는 것을 사주고 선물을 하는 것처럼 자신에게 맛있는 것을 주고 선물해 주는 것이기 때문이다.

혼자 한다는 것은 나만 그것을 알고 있다는 뜻이기도 하다. 따라서 마치 세상의 비밀을 혼자 알고 있는 듯한 느낌을 맛볼 수도 있다.

내일 세계에 혁명이 일어날 것을 나만 안다면 기분이 어떨까? 게다가 그 혁명이 일어날지 여부가 내 손에 달려 있다면? 그때는 설레는 것을 떠나 가슴이 요동칠 것이다.

내가 여기서 말하는 것은 바로 인생의 혁명이다.

무언가 새로운 것을 한다는 것은 내 인생에 변화를 가져다주는 일이다. 그러니 혁명이라고 불러도 좋다. 아니, 반드시 혁명이라고 불러야 한다. 그래야 인생이 설레기 때문이다.

지금까지 누군가와 같이 했던 것을 혼자 한다는 것은 우리의

인생에 혁명과도 같다. 그만큼 대단한 일이다.

　'혼자 즐길 방법 생각하기'의 또 다른 장점은 그 생각을 곧바로 실행에 옮길 수 있다는 것이다. 다른 사람을 신경 쓸 필요가 없으니 내 생각을 즉시 실행할 수 있다.

　그렇다면 더더욱 의욕적으로 아이디어를 내게 될 것이다. 어쩌면 아이디어를 내는 것 자체를 즐기게 될지도 모른다. 이것 또한 좋은 일이다.

단시간 혼자 지내기

나를 위한 하루

드디어 실천편이다. 처음부터 갑자기 고독으로 풍덩 빠져 버리기보다는 서서히 실천해 나가는 편이 낫다.

그런 의미에서 보면 시작은 단시간이 좋다. 우선은 1시간 정도만 혼자 있는 것을 추천한다. 평소라면 누군가와 같이 갈 곳에 혼자 가본다든가, 아니면 누군가와 같이 할 행동을 혼자 해보는 것이다.

그중에서도 가장 초급 단계는 휴일을 혼자 지내는 것이다. 토요일, 일요일도 좋지만 가능하면 주말 전체를 혼자 지내는 것이 좋다. 즉 토요일, 일요일 전부 다. 이렇게 주말을 혼자 보낸 후에 월요일을 맞이한다.

주말을 완벽하게 혼자 보낸다는 것은 정말 멋진 일이다. 그 시간을 견디는 것이 아니라 즐기며 보내는 것이지 않은가. 우리는 좋든 싫든 평일에는 사람을 만나야 한다. 또한 가족이 있는 사람은 혼자 주말을 보낼 수 없다. 그런 의미에서 가끔 혼자 보내는 주말은 엄청난 행운이다.

그러나 주말을 혼자 보내는 것은 어쩌면 당연한 일일지도 모른다. 특히 혼자 생활하는 사람에게는.

지친 평일이 끝나고 주말만큼은 혼자 보내고 싶은 사람이 많을 것이다. 그것은 바쁜 일상에서 벗어나 휴식을 취하고 싶은 마음일 뿐이다. 긍정적인 고독이라기보다는 어쩔 수 없는 고독이다. 따라서 고독을 연습하는 데에는 크게 도움이 되지 않는다.

그 점에서는 평일에 쉬는 것이 효과적이다.

평일에 휴가를 내본 적이 있을 것이다. 그러나 내가 제안하는 것은 병가니 여름휴가처럼 무언가 목적이 있는 것이 아니라 어느 날 갑자기 하루 휴가를 내는 것이다. 가능하면 깜짝 휴가가 좋다. 그러면 마치 자신이 일을 게을리하는 것 같은 죄책감이 드는 동시에, 그 죄책감이 선사하는 꿀맛도 느낄 수 있다.

깜짝 휴가의 가장 큰 장점은 나만 특별한 것 같은 느낌을 맛볼 수 있다는 점이다. 마치 모두가 출근하는 쪽의 반대 방향으로 간다거나, 평소에는 서둘러 가던 길을 천천히 걸어간다거나, 줄을 서지 않으면 들어갈 수 없는 가게를 통째로 빌린 것처럼.

나는 이럴 때 '누군가와 함께하는 것으로 우리는 얼마나 많은 것을 잃고 있는가'를 항상 생각한다. 모두 같은 시간에 같은 것을 하니까 혼잡한 것이다. 따라서 기다릴 수밖에 없고, 사람이 많으면 피곤해지고, 가격은 그만큼 올라간다.

여름휴가나 퇴근시간 또는 휴일이 거의 정해져 있으니 어쩔 수 없는 부분도 있지만, 그렇기 때문에 혼자 있을 때는 더욱더 특별대우를 느껴야만 한다. 즉 다른 사람에게 맞추거나 같이 행동하지 말자.

사람들로 붐비는 식당도 혼자라면 줄 서지 않고 들어갈 수 있다. 단독행동을 좋아하는 나는 여럿이 줄 서 있는 사람들에게는 미안하지만 식당에 먼저 들어가는 특권을 누린다. 아무리 바쁜 식당이라도 카운터의 한 자리 정도는 비어 있기 때문이다. 혼자 온 손님은 오래 머무르지 않아 회전율이 빠르다. 점심식사를 전문으로 하는 식당을 제외하면 혼자 오는 손님은 거의 없다. 이런 것이 단독행동의 장점이다.

혼자 다녀 보면 사람들과 함께하는 것이 얼마나 내 자유를 빼앗고 있었는지를 깨닫게 된다. 그렇게 하루를 자유롭게 보내 보면 벌써 긍정적인 고독에 익숙해지기 시작할 것이다.

다음으로는 그것을 습관화한다.

주말에 혼자만의 데이트를 한다거나, 매일 조금이라도 좋으니 나와 마주하는 시간을 갖는다. 이것을 얼마큼 해야 좋을지는 사람에 따라 다르겠지만, 대개는 3주 정도 지속하면 습관이 될 것이다.

나는 이전에 로빈 샤르마의 책 《3주간 지속하면 인생이 바뀐다》를 읽고 그 내용을 3주 정도 실천한 적이 있었는데, 정말 맞는 말이었다. 3주 지속하면 평생 지속할 수 있는 습관이 생기고, 그것이 내 인생을 크게 바꿔 주는 계기가 되었다. 1단계에서 애기한 운동이나, 철학도 마찬가지다.

그러기 위해서는 너무 많이 움직여서는 안 된다. 아침에 새벽같이 일어나, 쉬지 않고 일하고, 밤에는 야근으로 녹초가 되어 버리면 내 시간을 확보할 수 없다.

나의 시간, 나의 장소, 나의 평화

최근에 나는, 하루 중 '3M'을 확보하라고 주장하고 있다. 3M은 'My Pace(마이 페이스)', 'My Space(마이 스페이스)', 'My Peace(마이 피스)'다.

'마이 페이스'는 이미 잘 알고 있을 것이다. 자기 속도에 맞춰 천천히 하는 것을 의미한다. 즉 자기 시간을 확보하는 것이다.

'마이 스페이스'는 문자 그대로 내 장소를 의미한다. 내가 혼자 있을 장소, 편안할 장소를 확보하는 것이다.

'마이 피스'는 내가 만든 말인데, 나의 평화를 의미한다. 즉 마음의 안정을 느끼는 것이다.

혼자 있을 시간과 장소를 아무리 확보해도 마음이 안정되지 않으면 의미가 없다. 시간, 장소, 마음의 안정. 이 세 가지를 갖춰야 비로소 긍정적인 고독은 의미가 있다.

긍정적인 고독의 훈련을 위해서라도 일상에서 아주 짧은 시간이라도 반드시 3M을 확보하고 실천해 보길 바란다.

대부분은 집으로 돌아온 후 자신의 방에서 할 수 있을 것이다. 집에 가족이 있어 어려운 사람은 카페나 도서관에 가면 된다. 빈 사무실을 이용하는 것도 좋은 방법이다. 나는 보통 퇴근 후 내 방에서 3M을 실천하지만, 이것을 가장 충실하게 할 수 있는 장소는 단연 전철 안이다.

그러나 요즘은 전철을 타고 출퇴근하지 않기 때문에 조금 곤

긍정적인 고독 레슨 7스텝

란해졌다. 그래서 야마구치에서 도쿄를 갈 때는 비행기가 아니라 군이 신칸센 열차를 타고 간다. 편도 4시간 30분이 걸리기 때문이다. 이 시간은 나에게 있어서 가장 충실한 고독의 시간이 된다.

교통이 편리해질수록 보통은 조금이라도 더 빨리 이동하려고 한다. 열차로 가는 시간이 아까워 비행기를 탄다든가 하는 식으로. 그러나 그 때문에 사람들은 정리할 시간이 사라진다. "급할수록 돌아가라."라는 속담처럼, 군이 시간을 들여 보는 것은 어떨까? 보다 충실한 시간을 보낼 수 있을 테니까 말이다.

철학자들 중에 3M을 가장 잘 실천한 인물은 데카르트일 것이다. 데카르트는 여행하고 싶으면 방랑을 즐기고, 사색하고 싶으면 며칠이나 방에 틀어박혀 나오지 않는 '마이 페이스'를 유지했다. 또한 난로만 있는 어두운 방을 '마이 스페이스'로 선택했다. 그곳이 사색에 가장 집중할 수 있는 곳이었다. 그리고 마음을 안정시켰다.

3M이 위대한 철학자를 탄생시켰다고 해도 과언이 아니다.

나도 데카르트의 방식을 꼭 따라 하고 싶다. 나의 경우는 여행 중에 하는 사색을 좋아하지만…….

혼자 하는 여행

　여행이라면, 주말을 이용하거나 짧은 휴가를 내어 혼자 해외여행을 갈 수도 있을 것이다.

　데카르트뿐 아니라 유럽의 많은 철학자들은 국경을 자유롭게 넘나들며 다양한 나라를 여행했다. 해외여행의 장점은 다른 문화 속에서 자신을 객관적으로 바라볼 수 있다는 점이다. 자신의 마음을 비롯한 모든 사물을 객관적으로 분석하는 것이 주된 업이었던 철학자들은 여행을 즐겼다.

　혼자 떠나는 여행이 좋은 이유는 그런 이유에서다. 모처럼 여행을 갔는데 친구들과 어울려 떠들다 보면 외국이라는 프리즘을 통해 자신과 마주하는 시간이 사라져 버리게 된다.

　차창에 비친 낯선 풍경과 자신의 얼굴. 카페 창에 비친 이국적인 거리 풍경과 자신의 얼굴. 익숙하지 않은 것과 익숙한 얼굴이 겹쳐진다. 그것을 지그시 바라보는 것이 혼자 하는 여행의 묘미다.

**　혼자 떠나는 여행이 외롭게 느껴지는 사람도 있겠지만, 사실은 혼자가 아니다. 또 하나의 나와 함께 가는 여행이다.**

　혼자 하는 여행은 나 자신과 대화하면서 하는 여행이다. 사람은 새로운 풍경을 보고 새로운 경험을 하면 생각에 잠기게 된

긍정적인 고독 레슨 7스텝

다. 그 새로운 정보를 기존 정보와 비교하고 정리하려 하기 때문이다.

이를테면 이런 느낌일 것이다.

"아, 이 풍경은 내가 어렸을 때 본 것과 비슷하네."

"그때는 정말 즐거웠지."

"그런데 지금은 왜 즐겁지 않은 걸까?"

"인생에 만족을 못 해서 그런 걸까?"

"나는 정말 무얼 하고 싶은 걸까?"

이렇듯 자신과의 대화가 나에 대해서, 그리고 세상에 대해서 깊이 생각하는 계기가 된다.

생각하는 습관을 들이기에 혼자 떠나는 여행은 좋은 시작이 될 수 있다.

장시간 혼자 지내기

완전히 새로운 곳으로

단시간 혼자 지내는 것에 익숙해졌다면 마지막으로는 장시간 혼자 지내는 연습을 해야 한다. 장시간 혼자 지낼 수 있게 되면, 더 이상 긍정적인 고독을 손에 넣으려고 노력하지 않아도 된다. 이미 가졌기 때문이다. 즉 긍정적인 고독의 생활이 완성되는 것이다.

이른바 '고독한 라이프 스타일'이다.

이번에는 어느 정도 긴 시간을 혼자 지내 보자. 우리가 살고 있는 나라에서는 어렵겠지만 외국이라면 가능할지도 모른다. 만약 산속에서 일정 기간 머무를 수 있다면 완벽할 것이다. 산속에 있다는 것은 오로지 혼자 있는 상태를 의미하기 때문이다.

앞에서는 주말에 혼자 해외여행을 가볼 것을 제안했지만, 여기서는 아예 외국에서 생활하는 것, 이를테면 짧은 유학을 추천한다. 특히 아무도 나를 모르는, 말도 통하지 않는 해외에 가면 사람은 반드시 고독해진다.

이것은 쉬운 일이 아닐 것이다. 그러나 시도해 볼 가치가 있다.

나는 직업상 연구를 위해 외국에 갈 기회가 몇 번 있었다. 그때마다 새로운 나를 발견했고, 그때마다 놀라웠다.

평소에는 느끼지 못했던 나라는 존재를 객관적으로 바라보고 지금까지의 인생을 되돌아보며 앞으로 어떻게 살아야 할지를 생각했다. 의도적으로 생각을 한 것이 아니라 자연스럽게 그렇게 되었던 것이다.

게다가 단기 여행과는 달리 그 생활을 얼마간 계속해야 하기 때문에 생각도 정리되었다. 귀국할 무렵에는 어느 정도 결의에 차 있었다. "좋아! 앞으로는 이렇게 살아가자!" 하면서.

고독에 익숙해지고, 삶의 모습이 달라지면 사람은 반드시 강인해진다.

단기 유학은 경력에 도움이 되기도 하고 많은 것을 얻을 수 있다. 100세 시대인 지금은 분명 그런 기회도 늘어날 것이다.

산중 생활

　다음은 가장 심화 단계인 산속 생활에 대해 이야기해 보자. 예로부터 산은 혼자 있기에 좋은 장소였다. 숨어 지내려는 사람은 대개 산속으로 들어갔다.

　고독이 좋아 산중 생활을 자청한 중국의 시인 이백은 그 묘미를 다음과 같이 적었다.

　　나더러 무슨 일로 푸른 산에 사냐길래
　　웃으며 대답하지 않았지만 마음만은 향기롭다.
　　복사꽃이 흐르는 물에 아득히 떠내려가니
　　인간 세상이 아니라 별천지로다.

　어느 속인을 설정해 두고 그 사람의 물음에 이백이 대답하는 형식이다.

　중국 문학을 연구한 시바 로크로는《중국 문학에 미치는 고독감》에서 이 시를 인용하면서 이백이 "고독을 의식하고는 있지만 고독을 외로워하지 않고 즐기고" 있다고 설명했다.

　이백은 정말 그랬을 것이다. 산으로 들어간 이들은 고독을 즐기기 위해 굳이 그 장소를 선택한 것이다.

　산속에 혼자 사는 사람을 취재하는 TV 방송을 보면, 그들은 하나같이 그곳에서 고독을 즐기고 있다. 아니, 세상과 떨어져 혼자 사는 것에 자긍심조차 느끼고 있다.

시바는 이백의 시에 대해 "속세는 시시한 상대라는 속마음이 엿보인다."라고도 했다.

나도 산속에 들어가 생활하게 된다면 완전한 고독의 달인이 될 수 있을 것이다. 아직 일이 있어서, 안타깝지만 현재로서는 그 수준에 이르지 못하고 있다.

그러나 도시에서 멀리 떨어진 시골에 가면 세상으로부터 벗어나는 시간을 조금이라도 가질 수 있다. 게다가 주변이 산으로 둘러싸여 있어 산에 오를 기회가 필연적으로 늘어 가고 있다.

숲에서 얻을 수 있는 것

산속 생활은 많은 노하우가 필요하기 때문에 힘들지도 모른다. 그렇다면 가까운 숲에 가보는 건 어떨까? 나는 가끔 숲에 가서 삼림욕을 한다. 숲에 혼자 가는 것은 고독에 많은 도움이 된다.

숲속 생활자 헨리 데이비드 소로를 알고 있는가? 숲에서 자급자족 생활을 한 사상가다. 그의 어록에는 숲속에서 고독을 즐기는 뛰어난 지혜가 담겨 있다. 여기서 조금 소개해 보겠다.

"사계절을 즐기다 보면 인생의 짐이 가벼워진다."

"숲에 가면 많은 친구를 만날 수 있다. 모두 고고한 존재들이다."

"숲 안으로 들어가면 일을 잊게 된다. 심각해지지 않는다."

"인간이 내는 소리에서 멀어져라. 그러면 자연의 멜로디가 귀에 들어올 것이다."

"가장 생명력이 넘치는 것은 가장 야생적인 것이다."

"자연의 일부가 되면 숲 전체가 숨 막힐 정도로 많은 메시지를 보내올 것이다."

모두 해설조차 필요 없는 명쾌한 말들이다. 지금 당장 숲으로 달려가고 싶은 사람도 있을 것이다.

일상을 혼자 지내면 나와 대화하는 시간은 필연적으로 늘어난다. 그 시간을 진심으로 즐길 수 있게 되면 긍정적인 고독을 위한 트레이닝은 끝이 난다. 마치 고독 속에서 사색을 즐긴 철학자처럼, 강한 정신과 진정한 자유 그리고 행복을 얻게 되는 것이다.

맺
으
며

晶

이 책을 집필하면서 나는 긍정적인 고독을 즐겼다.

글을 쓰는 것은 고독한 작업이다. 더군다나 철학책이기 때문에 나는 고독을 철학하며 이 책을 썼다. 그러니 당연히 고독한 시간을 보낼 수밖에 없었다.

나는 이미 고독한 시간을 어느 정도 긍정적으로 즐길 수 있기 때문에 이번 작업은 나에게 매우 의미 있는 것이었다.

특히 퇴고할 때 내가 쓴 글을 다시 읽으면서 지금 바로 그런 상태로구나 하고 느낀 것이 재미있었다. 이를테면 휴일에 카페에서 혼자 집필할 때, "나는 오늘도 카페에 가서 혼자 글을 쓸 것이다." 라고 쓴 부분을 읽고 생각지도 않게 웃음이 나왔다.

주변에서는 그런 나를 이상하게 보았을지도 모르지만, 상관없다. 내가 충실한 시간을 보냈다면 그것으로 된 것이기 때문이다. 이것이 바로 긍정적인 고독이다.

고독의 의미를 생각하는 시간은 나와 마주하는 시간이기도 하다. 나에게 있어서 고독이란 무엇인가? 그 고독을 즐길 방법은 무엇인가? 마치 새로운 장난감을 손에 넣은 어린아이가 그것을 갖고 노는 모습을 상상하며 행복해하는 시간과도 같다. 여기를 누르면 소리가 난다, 여기를 조립하면 움직일 수 있다, 하는 느낌으로 이렇게 저렇게 고독이라는 대상을 만져 본다.

그런데 실제로 만져 보면 그것은 사실 고독이 아니라 나 자신이었다는 것을 알 수 있다. 그래서 재미있는 것이다.

우리는 무언가에 열중할 때, 그리고 그 무언가에 대해 진지하게 생각할 때 나에게 집중하고 자신에 대해 진지하게 생각하게 된다. 마치 눈앞의 대상을 거울로 삼아 거기에 비춰 보듯이.

고독이라는 거울에 비친 나는 때로는 처음 본 표정을 짓는다. 불안과, 기대와, 마음의 평온함이 뒤섞인 이상한 표정이다. 당연할 것이다. 고독이란 '불안과, 기대와, 마음의 평온함이 뒤섞인 상태'이기 때문이다. 그것이 표정으로 나타날 때는 분명 나와 고독이 만난 순간일 것이다.

이렇게 나는 이 책을 쓰는 동안 고독을 완전한 내 편으로 만들었다. 이 책에서 고독이 행복을 가져다준다고 썼지만, 나는 이제 인생의 행복을 얻게 된 것이다.

흔히 사람들은 고독을 두고 인생을 불행하게 만드는 원흉 같은 것이라고 말한다. 그 고독한 시간을 행복한 시간으로 바꾼 사람은 두려울 것이 아무것도 없을 것이다. 인생이 항상 만족으로 가득 차 있을 테니 말이다.

　이 책을 읽은 독자들도 고독을 내 편으로 만들어 100세 시대라고 불리는 이 긴 시간을 여유롭게 살아가길 바란다.

오가와 히토시

참고문헌

가토 슈이치,《혼자서도 좋다(ひとりでいいんです)》, 고단샤, 2011.

겸호, 시마우치 유코 주해,《도연초(徒然草)》, 지쿠마학예문고, 2010.

고노 데쓰야,《사람은 계속 말할 때 생각하지 않는다(人は語り続けるとき、考えていない)》, 이와나미쇼텐, 2019.

구마카이 다카유키,《천재를 낳는 고독한 청소년기(天才を生んだ孤独な少年期)》, 신요사, 2015.

노자, 김원중 옮김,《노자 도덕경》, 휴머니스트, 2018.

니콜로 마키아벨리, 이시연 옮김,《군주론》, 더클래식, 2018.

다나카 신야,《고독론(孤独論)》, 도쿠마쇼텐, 2017.

로빈 샤르마, 기타자와 가즈히코 옮김,《3주간 지속하면 인생이 바뀐다(3週間続ければ一生が変わる)》, 가이류샤, 2006.

루키우스 안나이우스 세네카, 정영훈 엮음, 정윤희 옮김,《세네카의 인생론》, 메이트북스, 2019.

마르쿠스 아우렐리우스, 박문재 옮김,《명상록》, 현대지성, 2018.

모로토미 요시히코,《고독의 달인(孤独の達人)》, PHP연구소, 2018.

미셸 드 몽테뉴, 손우성 옮김,《몽테뉴 수상록》, 문예출판사, 2007.

미키 기요시, 《인생론 노트(人生論ノート)》, 신초샤, 1978.

버트런드 러셀, 황문수 옮김, 《행복의 정복》, 문예출판사, 2009.

블레즈 파스칼, 김형길 옮김, 《팡세》, 서울대학교출판문화원, 2015.

시바 로크로, 《중국 문학에 미치는 고독감(中国文学における孤独感)》, 이와나미쇼텐, 1990.

아르트루 쇼펜하우어, 가나모리 시게나리 옮김, 《고독과 인생(孤独と人生)》, 백수사, 2010.

에리히 프롬, 황문수 옮김, 《사랑의 기술》, 문예출판사, 2019.

에릭 호퍼, 정지호 옮김, 《부두에서 일하며 사색하며》, 동녘, 2012.

에픽테토스, 가노 시즈케 옮김, 《어록 요록(語録 要録)》, 중앙공론신사, 2017.

오카모토 다로, 《내 안에 고독을 품다(自分の中に孤独を抱け)》, 청춘출판사, 2017.

와쓰지 데쓰로, 최성묵 옮김, 《인간의 학으로서의 윤리학》, 이문출판사, 1993.

유발 하라리, 김명주 옮김, 《호모 데우스》, 김영사, 2017.

유발 하라리, 전병근 옮김, 《21세기를 위한 21가지 제언》, 김영사, 2018.

유발 하라리, 조현욱 옮김, 《사피엔스》, 김영사, 2015.

이주인 시즈카, 《혼자서 살아가다(ひとりで生きる)》, 고단샤, 2019.

존 카치오포 · 윌리엄 패트릭, 이원기 옮김, 《인간은 왜 외로움을 느끼는가》, 민음사, 2013.

카를 힐티, 곽복록 옮김, 《잠 못 이루는 밤을 위하여》, 동서문화사, 2017.

프리드리히 니체, 강두식 옮김, 《인간적인 너무나 인간적인》, 동서문화사, 2016.

헨리 데이비드 소로, 양억관 옮김, 《고독의 즐거움》, 에이지21, 2013.

내가 충실한 시간을 보냈다면
그것으로 된 것이기 때문이다.
이것이 바로 긍정적인 고독이다.

언택트 시대

일상을
버티게 해주는
고독의 힘

초판 1쇄 인쇄 2020년 09월 28일
초판 1쇄 발행 2020년 10월 05일

지은이	오가와 히토시
펴낸이	이희철
옮긴이	권혜미
기획편집	김정연
마케팅	이기연
북디자인	니사인홍시
펴낸곳	책이있는풍경

등록	제313-2004-00243호(2004년 10월 19일)
주소	서울시 마포구 월드컵로31길 62(망원동, 1층)
전화	02-394-7830(대)
팩스	02-394-7832
이메일	chekpoong@naver.com
홈페이지	www.chaekpung.com

ISBN   979-11-88041-33-6   03190

값은 뒤표지에 있습니다.
잘못된 책은 바꿔드립니다.

이 도서의 국립중앙도서관 출판시도서목록(CIP)은 서지정보유통지원시스템 홈페이지(http://seoji.nl.go.kr)와 국가자료공동목록시스템(http://www.nl.go.kr/kolisnet)에서 이용하실 수 있습니다. (CIP제어번호 : CIP2020033820)